Édité par BoD, 12/14 rond-point des Champs Élysée, 75008 Paris
ISBN : 9782322030149 © juin 2013, y compris les illustrations et le couverture :
Engelbertus G.P. Van den Heuvel
Le Code de la propriété intellectuelle interdit les copies ou reproductions
destinées à une utilisation collective. Toute représentation ou reproduction
intégrale ou partielle faite par quelque procédé que se soit, sans le
consentement de l'auteur ou de ses ayant droits est illicite et constitue une
contrefaçon, aux termes des articles L.335-2 et suivants du Code de la propriété
intellectuelle. Les ressemblances avec des personnes existantes ou ayant existé
seraient fortuites …
Imprimé par BoD GmbH, Gutenbergring 53, D-22848, Norderstedt.
Dépôt légal: juin 2013. Imprimé en Allemagne - Printed in Germany

# Des Mots en Cafouille

# Intro ...

Ce livre est composé des manuscrits remastérisés, sortis des archives personnelles. J'ai ajouté des écrits inédits et quelques illustrations. Le tout jeté en vrac dans ce présent ouvrage. Chaque chapitre peut être lu indépendamment.

Je suis certain que ce bouquin trouve assurément sa place dans l'endroit de votre demeure où la méditation n'est pas un vain mot.

Fontaine, juin 2013

Des mots, des phrases, des lignes,
des histoires, des poésies, des signes,
des "on-dit", des entendus et des fables,
des rêves en réalité, des mots en enfilade,
des pages, la plume en balade,
des mots en vadrouille,
des mots en cafouille.

*Merci, très grand merci à ma petite femme, mon grand amour, pour sa patience, son aide et son coup de « patte » !*

# BERTUS
van den HEUVEL

# des mots
# en
# cafouille

## Papa

Mon menton repose sur mes mains. Je regarde par la fenêtre, je suis un peu stressé, et impatient. La pluie semble interminable. Je me demande pourquoi les anges pleurent ?
Une main se pose sur mon épaule comme pour me réconforter. Je me tourne pour voir, mais il n'y a personne. Dehors, je vois des phares percer les gouttes de pluie tombant du ciel. L'excitation me submerge. Papa arrive! Il est enfin venu pour moi. Nous pouvons enfin nous parler, tout comprendre, tout expliquer.
Je soupire car il s'avère que c'est juste une autre voiture.
J'entends des gens se disputer à travers le mur de ma chambre. Tout le monde parle et écoute tout le monde. C'est leur jeu préféré.
Moi, je refuse de quitter mon poste à la fenêtre. Je veux être là quand il arrive !
Il commençait à faire nuit et toujours aucun signe de la camionnette de mon père que je connaissais si bien. La main invisible était toujours sur mon épaule. Même si je voulais m'enfuir, je ne pouvais pas bouger.

Quand mon père va venir, est-ce qu'il va venir vraiment ? J'avais envie de dire, de poser cette question.
La main semblait vouloir répondre en tapotant tendrement sur mon épaule. C'est comme si elle voulait dire « t'inquiète, il faut avoir de la patience ».
Que faire si quelque chose lui arrivait ? S'il ne venait

plus, si tout cela était irréel ?
Non, cela ne peut arriver. Il ne me laisserait jamais.
Il est trop seigneur, mon père.
Bien qu'il soit très sévère avec moi, mon père est toujours le héros. Je n'ai pas d'autre ange gardien que lui. Je ferme mes paupières, puis soudainement deux feux se déversent dans l'obscurité et ils remplissent mon espérance . Mon cœur explose de joie. Je la vois la camionnette de mon père, elle est bleue avec un toit rouge ...
Je suis tellement tellement excité. J'en transpire de grosses gouttes.
Quand il a ouvert enfin la porte, mes yeux étaient grands, mon cœur rempli de bonheur. Seulement lui et moi existons, le reste du monde n'a pas d'importance.
Je l'entends dire « salut !»
Je crois que je souris comme un idiot.
- Salut, papa !
Mais mon père avait l'air confus. Il ne semble pas stable. Tout était étrange autour de lui. Ces lueurs de lumière blanche..
Depuis toutes ces années, il n'avait pas vieilli.... Moi oui...
La peur, l'angoisse m'envahissaient soudainement. Qu'est ce que qu'il m'arrive ? Je suis où ?

Quand j'ai ouvert les yeux, j'ai regardé autour de moi. J'ai vu ma femme qui avait posé sa main sur mon épaule. Elle dormait. Paisiblement rassurante.
J'avais rêvé, c'est certain.

Tu me manques papa.

# Cochon

Hier j'ai vu de mes yeux vu
de mon propre œil quoi
se promener comme rien de rien
un cochon tout nu
devant une foule en émoi
une foule en va et vient
Le cochon en cause
se déplaça avec stupeur
et pas à pas, effrayé
Aussi je le mets en prose
pour conter la sueur
d'un cochon destiné au dîner
Le cochon ne savait pas
qu'on lui jetait un sort
de le convier à une marmite
lui réservant de main ferme
avec franchement peu de confort
Une cuisson bien à terme
Le cochon n'étant plus cochon
et transformé après quelques manipules
au bon plaisir des palets
en belles tranches de jambon
et d'autres délices multiples

Frôlant les excès des gourmets
Du boudin aux carrés
de lard, et des pieds grillés
coupés en longueurs
la foie transformé en pâté
les oreilles épilées
avec le nez fardé en farceur
Il y en a pour se prendre
pour un cochon vice-lardé
bronzé grilladé et en marmite
pour bien se fendre
en rire et de goguenarder
en suçant une frite
C'est bien compliqué
la confusion humaine
des appellations non contrôlées
Ainsi que, carrément confisquées
ne se donnent plus la peine
des principes sacrés.

## L'intime conviction

Les jurés sains et sans préjugés, exercent d'une force certaine, depuis des temps mémorables avec l'aisance et la force des montagnes aux courbes lentes et des plaines cultivées aux mains sanglantes.

L'exécution des autres, accusés d'être pire que soi-même, avec des milliers de fautes transfigurées en graines, qu'on sème dans les terres autrefois si généreuses, s'éternise en lamentable conscience, aux vérités creuses et certitudes transformées en fables mensongères.

Le désir de la vengeance, de ne pas être en harmonie avec soi-même, transforme le cœur en bouilloire d'une tribu sans défense, troublant le regard à ne plus voir l'innocence.
Et naît dans le doute le désespoir d'une incertitude de se faire foutre dans la vérité d'une intime conviction.

## Tante Cornelia

C'était, je crois, en mille neuf cent cinquante et un ou cinquante deux, six ou sept ans après la guerre. J'avais neuf ou dix ans. En tout cas c'était avant les inondations à Zeeland dans le sud de la Hollande côté mer.
C'est l'histoire de ma grand tante Cornelia.
À quasi chaque après-midi, quatre heures sonnées par les cloches de l'église de son village, Tante Cornelia poussait la porte de l'unique café de son patelin.
Avec un effort haletant elle se glissait sur le tabouret au coin du bar. C'était sa place. Jan le cafetier veillait à libérer le tabouret avant quatre heures, l'heure de tante Cornelia.
- Un spécial ? demanda Jan. Je te l'offre, c'est pour la maison !
Il pouvait, parce que le bistro était pour la moité à ma grand-mère, la sœur de tante Cornelia.
Ma grand-mère, ma mémé, m'avait offert un vélo quelque peu avant pour mon anniversaire. Je faisais le pitre devant le bistro en chantant toutes les

chansons que je connaissais.
J'espérais, malgré l'interdiction de mémé et de mes parents, que quelqu'un allait sortir pour m'inviter à l'intérieur. C'était aussi la bonne excuse. Il faut rester poli m'avait dit mémé. Il ne faut pas décevoir les gens. Après une bonne demi-heure le succès espéré n'était pas atteint. Je posais le vélo contre le mur, et j'ai plaqué mon nez contre la fenêtre du café.
J'ai vu ma tante se lever et me faire signe de venir. J'hésitais, ne sachant pas quoi faire. Je regardais la porte. J'y vais ou j'y vais pas ?

La porte s'ouvrit et ma tante était là :
- Viens mon chanteur préféré, je te paye un chocolat chaud.
J'aimais le chocolat chaud, surtout à la maison, préparé par ma mère. J'ai bu le chocolat chaud les yeux fermés. C'était un chocolat à l'eau pour faire des économies, puisque ma tante ne payait jamais.
C'était dégueulasse.
Je me déstressais peu à peu et je commençais à raconter ma vie. Je chantais aussi. Tout le monde était pendu à mes lèvres. C'était une drôle de sensation. J'étais la vedette ! Qui l'aurait cru ?
- Tu sais mon petit, me disait la tante, il y a quelques années j'avais aussi un petit comme toi ....
J'ai bu la dernière goutte de mon chocolat qui a pris du goût, j'étais bien !
Ma tante se leva et m'avait hissé de mon tabouret pour me poser à terre. Les manches de sa blouse avaient légèrement remonté. Il y avait des chiffres inscrits sur son bras.
Je ne pouvais pas m'empêcher de lui demander pourquoi il y avait ces chiffres sur son bras.
- C'est mon numéro de téléphone, mon chou. Comme

ça, je peux m'appeler moi-même quand je m'ennuie.

J'ai quitté le bistro et ma tante. En remontant sur mon vélo, j'ai songé que c'était un drôle d'endroit pour un numéro de téléphone ....

## La Tortue adoptée

Dans une grande forêt une petite tortue entreprend de grimper à l'arbre. Après des heures et beaucoup de mal et de fatigue, elle arrive enfin à la cime de l'arbre. Puis n'ayant plus de force et d'équilibre de se tenir, elle tombe en remuant activement ses avant-pattes. Heureusement sa carapace la sauve.
Aussi sec, elle entreprend à nouveau de grimper à l'arbre.
À moitié chemin, deux oiseaux l'observent.
Tweete l'un vers l'autre :
- Dis-moi, mon cœur, tu ne crois pas que c'est le moment de dire qu'elle est adoptée ?

## Yaka I

Donner le temps au temps ne change pas le temps, mais ça peut calmer les nerfs et des conflits.
*
Aimer c'est convaincre l'autre qu'on est sincère, même si on n'a pas l'habitude.

## À la soupe ....

L'aberration de mal connaître celui qui vit à côté de sa propre âme (si on a une âme, parce que il y en a qui croient que l'autre n'en a pas et l'autre c'est peut-être soi-même) est que le jugement donne une vexation et un mal être. Ce qui entraîne des maux de tête, des hypertensions, des malaises différents et variés.
En plus des pensées étonnamment cruelles jaillissent dans la tête comme « qu'il crève .. » ou « j'en n'ai rien à foutre de sa gueule »
« On s'en lave les mains » comme jadis ce notable romain entré dans l'histoire biblique.
Pourtant il suffit de regarder, comprendre et écouter. Il n'est pas besoin d'être d'accord ou d'être soumis à des paroles et doctrines de celui d'en face. Le respect de l'autre force le respect envers soi-même. Si cela ne vient pas de l'autre, tant pis. L'auto-respect est un sentiment bienfaisant, quoique quelque fois pénible à tenir.
C'est dingue de savoir pour quelles raisons nous entamons une guerre, même froide. Des raisons complètement farfelues, parce que le mea-culpa n'est pas encore compris par l'humanité entière.
Il y a bien des confessions qui expliquent que la règle de base c'est l'amour du prochain. « Si on frappe sur la joue droite, présente-lui la gauche... » Notre histoire en est remplie d'exemples contraires : l'inquisition, les guerres de religions, les templiers, les missionnaires du passé forçant la soumission des humains à leur doctrine pour devenir des humains en servitude forcée. Même aujourd'hui nous avons

encore des fanatiques de tout bord, au service de malades détraqués qui sont à l'affût du pouvoir absolu, quitte à rester seul.
Dieu est amour. Aime ton prochain comme toi-même. Faire la paix avec son prochain ouvre la porte à la compassion et à la générosité.
La générosité en amour ne peut que montrer le chemin à une conscience collective. Nous les bien-nés dans une démocratie qui a tendance à fonctionner, malgré quelques petites failles, avons oublié qu'il y en a qui crèvent comme des mouches dans un nuage d'insecticide, exploités jusqu'à la moelle par nos ancêtres.
Certains de nos contemporains ne peuvent plus dire à l'heure du repas :

- *à la soupe !*

## Se faire la malle ...

Deux prisonniers tentent de s'échapper par le toit. L'un d'eux fait glisser une tuile.
- Qui est là ? crie le maton.
- Miaou, répond le prisonnier. Le gardien est rassuré et continue sa ronde.
Quelques instants plus tard, le second prisonnier fait la même erreur avec une tuile. Le maton crie à nouveau :
- Qui est là ?
- L'autre chat, répond le prisonnier.

## Casimir

L'asphalte des pluies d'été était humide sous ses pieds. Cela lui rafraîchit les orteils et le fit sourire. Il aimait le chatouillement de ses pieds, ses pieds difformes et quasi inaptes à des chaussures dignes de ce nom. La chaleur de la lumière du soleil éclairait son visage, il aimait ça. Un cycliste passait dans la rue, il agita avec enthousiasme la main vers l'homme sur le vélo. Celui-ci hésitait pour ne pas tomber, et continuait à pédaler rapidement. Probablement pressé d'aller vers les quartiers plus habités. Le rire avait disparu du visage de Casimir. Le sol ne lui chatouillait plus les orteils mouillés. Il tomba à plat sur le sol et se cacha le visage de douleur. Au loin, quelques gens qui traînaient par là, criaient fort des paroles incompréhensibles.

Peu à peu, les voix se rapprochaient, Des jeunes, pensait Casimir, pas très à l'aise. Il avait des difficultés à se lever seul. Lentement, il leva la tête, ses yeux effrayés regardaient le contre-jour. Il essayait de voir au-delà, mais seulement quelques ombres étaient visibles. Casimir n'était pas sauvage,

il aimait bien les gens qu'il rencontrait sur le chemin de la vie. Mais en même temps cette fois-ci il ressentit une peur intense. Les gens pouvaient être cruels envers lui. Parfois, ils se moquaient, quand lui et ses nu-pieds difformes marchaient à travers la rue de la ville et ses dents pourries se mettaient à rire. Lentement, il se leva. Sa curiosité l'avait forcé, malgré la peur. Il a rampé sur le trottoir et s'affaissa contre le mur d'une bâtisse. Il se mit même à sourire en écoutant les rires et les cris des gens qui s'approchaient. Toutes ces émotions l'amusèrent même. Et comme souvent, il en oublia le danger. Puis, un silence. Quelqu'un l'avait vu et attira l'attention des autres. Des garçons et des filles. À des âges impitoyables, à des âges où l'on refuse de comprendre l'autre en dehors de sa propre bande.
Il y avait des chuchotements. Casimir se retourna et murmura :
- Laissez-moi, je vous ai rien fait. Qu'est ce que vous me voulez ?
Le plus grand garçon faisait signe :
- Viens approche toi !
- Viens, qu'on voit ta tronche !
Casimir se mit à sourire. Son esprit simple ne pouvait pas comprendre ce qu'il y avait derrière ces mots. Il se leva lentement et se dirigea péniblement autant que ses douleurs le lui permettaient. Tous se taisaient. Ils se regardèrent et tout à coup, ils coururent tous en même temps sur le type et le tirèrent au milieu de la rue, les pieds chancelant, glissant sur l'asphalte lissé par le trafic. Le sourire de Casimir se figea sur son visage et faisait face à l'expression d'une indicible terreur. La meute se divisa en deux parties, l'empêchant de revenir sur le trottoir. Casimir se trouvait en contre jour au milieu

de la rue. Renversé par une camionnette, Casimir ne se relèverait plus jamais. Les premiers badauds sur place étaient des acteurs d'agression.
- Putain, se disaient-ils, - pauv'gars, c'est con de finir comme ça.

## Baume

Baume sur la terre
Baume sur la lumière
Baume sur la guerre
Psaume à chanter
Psaume à décanter
Psaume à vanter
Amour à vivre
Vivre à être ivre
Pointer un chiffre
À tout faire ou rien
Penser pour savoir
Porter pour croire
Se voir dans un miroir
Parler, se taire de rien.

## Yaka II

Les cochons ne font pas des cochonneries.
Les homo sapiens oui.
*
Les soucis ne se noieront pas dans l'alcool.
Ils savent nager.
*

## Rouquine

Après la naissance de sa fille, le papa s'adresse au pédiatre et lui demande :
- Comment ça se fait que ma fille est rouquine, Dans ma famille et celle de ma femme il n'y a pas de rouquins !
Le docteur :
- Pardon de vous le demander : Sexuellement, votre épouse et vous .... Pas de problèmes ?
- L'homme un peu gêné :
- Bof, vous savez, je travaille dur et mon épouse n'est pas particulièrement portée sur la chose ! Disons peut-être une ou deux fois par mois, peut-être même moins.
Le docteur s'approche et lui murmure à l'oreille :
- Ne vous inquiétez pas, j'ai tout compris. C'est la rouille.

## Yaka - III

A deux c'est chouette si on peut faire la fête.
*
Savoir compter est aussi savoir diviser pour mieux multiplier.
*
Un bon portemanteau est utile si on change sa veste.
*
La liberté n'est pas un privilège qu'on sollicite.
Elle se prend librement.
*

## La théorie de Jérôme

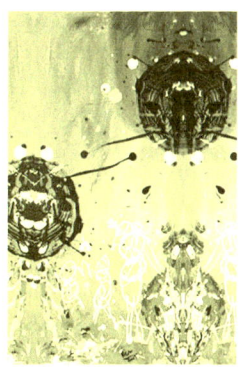

Jérôme est un garçon très sage. Il réfléchit beaucoup pour analyser des situations qu'il rencontre dans sa vie. Tiens, au hasard, il en est persuadé, comme d'ailleurs beaucoup de gens, qu'il a déjà vécu ce qui lui arrive à l'instant même.
C'est vrai c'est un drôle d'effet. Cette personne que nous rencontrons pour la première fois, puis cette situation ... c'est angoissant.
De l'autre coté, toujours selon Jérôme, y a aussi des gens qui peuvent prévoir des choses à plus ou moins long terme. Ils sont au-delà de l'instant présent.
Ici-bas nous appelons ces gens des diseurs et des diseuses d'avenir. Ces prévisions ont souvent une hallucinante certitude. Enfin il y a aussi des gens normaux, pas beaucoup en nombre, mais ils existent. Ces personnes-là ne pensent à rien.
Ni à l'avenir ni au présent. Elles acceptent avec grâce et soumission des événements en se disant, « c'est le destin ».
Jérôme se plaît à dire qu'il a une théorie sur ces choses. Il en est persuadé que nous vivons en double,

voire en triple, ou même peut être plus.

Qu'il y ait quelque part parmi des milliards et des milliards d'étoiles un soleil comme le nôtre avec ses planètes comme par ici.

Pour rassurer celles et ceux qui ont la foi de Dieu, Jérôme pense que le Créateur a mis plusieurs chantiers miroir en œuvre. Un peu comme des photocopies. Le problème est que nous ne savons pas exactement si nous sommes une photocopie de nous-même ou bien l'original. Dieu seul le sait. Comme d'habitude. C'est vrai, la photocopie céleste est vraiment bien faite. C'est normal, Dieu veille.

D'ailleurs, moi-même quand je suis au volant de ma voiture, il m'arrive à l'approche d'une intersection, dont j'ai la priorité selon le code de route, renforcée par des panneaux signalétiques, de vouloir vérifier que j'existe vraiment. C'est-à-dire que la voiture qui s'arrête à l'intersection, c'est exclusivement pour moi, pour me laisser le passage, puisque je suis le seul à vouloir passer. C'est rassurant d'observer qu'on existe. D'autant plus, une fois passée, la voiture qu'on vient de croiser démarre pour poursuivre sa route. Quoique, c'est peut-être lui qui est une hallucination, et qu'on n'existe pas tous les deux. Ou c'est lui ou moi. Terrible pensée. Vous écrire c'est rassurant, parce que pour quelqu'un qui n'existe pas, c'est quand même le comble d'écrire cette histoire. Il se peut qu'il y ait du grand vrai là dedans.

Jérôme, lui, pense que nous voyageons de miroir en miroir, de copie en copie par transmission intergalactique instantanée, c'est-à-dire en un millième de parcelle de nanoseconde. Pour certains ils ne remarqueront rien, c'est normal, pour les autres, ils sont soit en retard, soit en avance.

C'est pour ça, et toujours selon Jérôme, qu'il y a des

gens qui ont vécu, et d'autres qui s'empressent de dire ce qui va arriver. En politique nous appelons ça « des promesses » et des « prévisions » Ce qui diffère avec des astrologues et autres diseurs et diseuses d'avenir. Ces derniers pensent vous donner la certitude de leurs prévisions. Les gens ordinaires, qui se prennent pour des gens extra-ordinaires. C'est compliqué, la théorie de Jérôme. Peut-être. Mais il se peut qu'il ait raison.
La voie de Dieu n'est elle pas impénétrable ?


## La souris et la pompe


Une souris passe devant une pompe à essence. Il regarde avec respect cet engin impressionnant pour la taille d'une souris.
- Excuse-moi de te déranger, mais est-ce-que tu es un robot ?
La pompe ne répond pas, malgré l'insistance de la souris.
La souris en colère devant tant d'impolitesse :
- Enlève le doigt de ton oreille, tu entends mieux la question que je te pose !

## Rotation

Oh ! Que c'est bien de manipuler !
De pousser à gauche ou à droite,
Puis encore vers l'avant,
Mais jamais en arrière, cela fera trop reculer.
Cela me fera des mains moites
Cela me fera serrer les dents.
Pour me plier en équerre,
Il me faut manipuler.
Vers l'avant et ne pas reculer.
C'est mieux d'être devant,
Même si c'est en parlant.
Alors, manipule ou manipule pas ?
C'est là comme ils disent « toute la question ».
Être pion ou ne pas être pion,
C'est selon le cas.
Moi, je cherche mon chemin,
C'est devant, c'est certain.
Et tant pis pour toi dans le pétrin,
Tu n'as qu'à suivre ma main,
Pour t'indiquer mon venin.

## L'homme, l'enfant et le chien

Il était une fois un homme qui vivait heureux avec sa femme et leur bébé.
Un jour, la femme dit à son mari:
- Tu restes ici avec notre fils pendant que je vais au marché. Je ne serai pas longue.
Puis en pointant le panier de linge propre,
- Si tu veux, tu peux plier les torchons s'il-te-plaît.
L'homme s'assoit dans la cuisine pour faire son ouvrage, son fils dormait paisiblement dans son berceau.
Un ami frappa à la porte, il voulait qu'il l'accompagne quelques minutes pour une urgence.
L'homme n'était pas inquiet pour le bébé parce qu'il avait un chien fidèle pour le garder.
Ce chien vivait avec eux depuis qu'il était encore un chiot. Il faisait désormais partie de la famille.
Il pouvait partir tranquille, il avait confiance.
Il tapota affectueusement son chien et lui dit :
- Je te confie le petit, je reviens tout de suite.
Quand l'homme revint, le chien courut à la porte comme d'habitude pour saluer son maître. L'homme caressa la tête du chien et il vit que les poils autour de sa gueule étaient couverts de sang.
Immédiatement il se dit que le chien avait attaqué son fils, malgré sa grande confiance.
Le sang sur le museau devait être sans aucun doute possible de son fils.
Dans un accès de rage et de profond aveuglement, incapable de réfléchir, l'homme saisit un bâton et se mit à battre le chien de plus en plus fort. Il arrêta voyant que le chien ne pouvait plus supporter les

coups et mourut... L'homme portait le chien dehors pour l'enterrer plus tard, quand il a soudainement entendu un bébé pleurer. Il se dirigea vers le bruit derrière un buisson.
Il voit son fils étendu, vivant. Outre le bébé, il y avait un loup. Un loup qui avait traîné son fils en dehors de son berceau et qui a été tué par son chien fidèle pour protéger et défendre l'enfant...
L'homme réalisa l'erreur qu'il avait commise. Il tomba à genou, prit son bébé et pleura.

## Yaka IV

Le pardon n'est pas un oubli. C'est un mal pansé.
*

Un parfum peut habiller une femme, il suffit de mettre le prix.
*

L'homme qui se prend pour Dieu,
pratique dictât et meurt en solitude.
*

Plus on fait du bien, plus on provoque l'ingratitude.
*

Le racisme est une incompatibilité de mœurs.
Les humains par contre sont totalement compatibles.
*

Avoir de la pêche, n'est pas un péché.
Faire de la pédale c'est aussi avancer écologiquement.
*

# La Perceuse du Grand-père

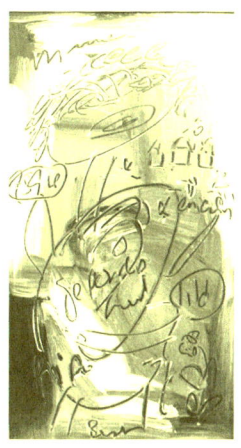

Ces jours-ci, mon ami Pétrus s'est déplacé vers son quincaillier préféré. Pas une quincaillerie où on peut trouver tout et rien, souvent inutile, et se servir soi-même.
Non, un vrai quincaillier avec un comptoir et un passionné du métier pour te conseiller.
Pétrus est l'heureux propriétaire depuis près de quarante années d'une perceuse de table avec une poignée pour descendre et monter. C'est justement cette poignée, fatiguée de quarante années de service, qu'il fallait remplacer.
A son tour Pétrus sortait la perceuse de son carton et expliqua le problème. Le quincaillier observa attentivement avec une sorte de respect l'objet en souffrance.
- Ce n'est pas tout jeune.
Pétrus gratifia la remarque avec un sourire heureux de complicité.

- C'est vrai, c'est un cadeau de mon grand-père il y a plus de quarante ans.
Les autres clients regardaient avec curiosité la perceuse et clamaient leurs commentaires :
- Punaise, ça existe encore ?
Puis l'autre :
- Qu'est ce que tu crois, c'est de la camelote de l'époque. Aujourd'hui ça ne se fait plus. C'est du costaud !
Le quincaillier porta l'engin de son comptoir à la table de travail, et appela son collègue dans les rayons.
- Hey, Jean-Pierre, tu crois que la poignée du modèle 2011 va sur celle-là ?
Jean-Pierre apporta la poignée et mesura.
- C'est bien ça, tu peux y aller.
Le quincaillier s'efforça de changer la poignée, puis astiqua avec un chiffon doux la perceuse, pour la faire briller comme du neuf. Ce n'est pas tous les jours qu'on peut toucher une telle merveille.
Un nouveau client entra dans la boutique, et en passant avant tout le monde, déclara que sa tondeuse à herbe ne fonctionne plus, pourtant il l'avait acheté depuis quelques jours seulement...
Sa façon de parler et ses manières avaient quelque peu de gluant, sans saveur. D'ailleurs personne n'écoutait.
Le client s'approcha et en voyant la perceuse sur le comptoir il s'était vu obligé de dire que la perceuse était hors âge, c'était ridicule de garder un objet dépassé pour des bricolages d'autres temps.
Un silence pesant régnait dans la boutique entre les hommes, c'était comme s'il avait dit que l'un d'eux avait un trop petit zizi...

Le quincaillier déplaça la perceuse vers Pétrus et rassura avec un :
- voilà, c'est reparti pour quarante années.
Le gluant se teinta en rouge, se taisait et se mit en queue des clients pour attendre son tour.
Pétrus sortit de la boutique heureux. En plus il faisait beau. Ça faisait du bien à sa libido !

## Butiner

Si tout le monde déménage au fond
D'une fleur des champs
De quelconque couleur
Nous jouons des airs
Chantons en chœur
Plus personne n'a de raison
De se taire, et moi te dire je t'aime
Aimer la vie des autres et soi-même
Plus besoin de s'affliger du pardon
De vouloir la liberté en reine
Si tout simplement tout le monde
Déménage au fond d'une fleur
On chante, danse et butine en rond
Sans remords de son sort
Alors, ici-bas, le voisin
Serait moins pénible au festin
De tout le monde d'une fleur
Aux mille couleurs.

# Yab et l'onde de choc

Il faisait chaud et la nuit était claire ; avec un peu de chance, sa petite voisine serait encore dehors quand il reviendrait. Il pourrait ainsi se laisser approcher cette fois-ci, pour qu'elle puisse voir avec quoi il serait en train de jouer.

Les chats ne peuvent pas vraiment sourire, aussi Yab se contenta-t-il d'un miaulement satisfait. Il s'étira les membres et regarda les étoiles.

Bizarrement, le ciel n'était pas tout à fait comme d'habitude : il y avait une grosse étoile en plein milieu de la voie lactée. Chose plus étrange encore, l'étoile en question semblait grossir de plus en plus, comme si elle fonçait droit sur le sol.

Le chat, qui avait perdu depuis longtemps son instinct de survie au profit d'un calendrier interne très précis des différents repas de la journée, resta sans bouger au milieu de la route, et se contenta tout d'abord de cracher en direction du point lumineux dans le ciel qui lui fonçait droit dessus.

Finalement, voyant que la chose continuait son chemin comme s'il n'existait pas, il décida de s'éloigner de la zone d'impact.

La météorite s'écrasa à quelques mètres à peine de lui, et il fut projeté en l'air. En même temps, il se vit en train de griffonner avec difficulté des chiffres sur un morceau de papier.

Il s'en sortit sans grand dommage physique, mais garda bien en mémoire le fait qu'il avait pensé à écrire, ce qui, il le voyait bien, n'était pas plus naturel que pratique pour un chat comme lui.

Mais tandis que le chat Yab se demandait comment il pourrait bien tenir un crayon dans ses pattes, l'onde de choc de la météorite commença à s'étendre à travers la nuit.

-------

Un peu en profondeur dans le village se trouvait la petite maison de Marcelline, l'institutrice du village, une jeune femme solitaire que tout le monde connaissait et appréciait. Bien que petite et vieillotte, la maison avait été arrangée avec un goût tout féminin, ce qui lui conférait un aspect que l'on ne pouvait qualifier que de... mignon.

Une petite haie mignonne entourait un jardin également mignon, dans lequel poussaient de mignonnes petites fleurs, entourées de sympathiques nains de jardin souriants et... oui, mignons. Lorsqu'on passait la porte ornée de petites fleurs bleues et blanches peintes à la main, après s'être essuyé les pieds sur le paillasson décoré, on restait forcément bouche bée face à la simplicité toute honnête et fleurie de la seule pièce qui composait la maison. Tout ressemblait à s'y méprendre à la chaumière d'une quelconque princesse en devenir.

L'onde de la météorite atteignit Marcelline alors qu'elle était tranquillement installée dans son fauteuil et lisait la rubrique courrier du cœur de son magazine féminin. Il n'y eut pas un bruit, rien ne remua, mais quelque chose passa dans les yeux de l'institutrice, comme une étincelle.

Elle posa délicatement son magazine sur le cageot en bois qui lui servait de table de salon qu'elle avait recouvert d'un mignon petit drap qui s'accordait parfaitement avec le tapis du sol.
Elle resta là sans bouger pendant quelques minutes, laissant s'échapper parfois un petit sourire timide, pencha ensuite la tête pour mieux réfléchir, et finalement se décida, bien que, elle le savait, elle n'avait pas à choisir : elle était obligée de faire ce qu'elle allait faire.
Marcelline se demanda tout de même si tout cela était bien normal.

-------

L'onde continua encore le long de la route de la forêt.
Là était plus ou moins garée la voiture de Paul.
Un peu plus loin vers le terrain de foot du village se trouvait son propriétaire, accompagné de ses deux meilleurs amis, Charlie et Anthony. Les « C.A.P. » comme les gens qui les connaissaient bien aimaient les appeler (parfois avec une orthographe quelque peu différente), pratiquaient ce soir-là leur activité favorite, à savoir jeter un maximum de bouteilles de bière vides dans les buissons. Bien sûr, l'intérêt de la chose n'était pas vraiment de jeter les bouteilles, mais plutôt de se débrouiller pour qu'elles se vident.

Ils étaient donc tous les trois affalés sur le sol, à

réfléchir à leur soirée particulièrement bien réussie, lorsque Paul ouvrit soudain les yeux.
- Ouah euh... faut que j'aille pisser, dites donc ! annonça-t-il à ses camarades.
- Putain, fais gaffe aux serpents mec, lança Charlie d'origine canadienne en songeant avec intelligence à une blague entendue dans sa jeunesse avec son oncle, bûcheron de son état.
Anthony se contenta de faire un grognement éthylique.

Paul se leva avec difficulté et commença à se diriger vers l'arbre qui lui avait semblé le plus apte à recevoir son don à la nature. Il décida que l'arbre le plus proche était très certainement le meilleur. Une fois arrivé à destination, il entreprit d'ouvrir sa braguette, chose rendue encore plus difficile par le fait qu'il avait de plus en plus de mal à se retenir.
Enfin il réussit, soupira bruyamment de soulagement, puis commença à se délester de toute la bière qu'il avait ingurgitée depuis le début de la soirée.
C'est alors que l'onde de la météorite les atteint.
Anthony se contenta de faire un grognement éthylique. Charlie se leva d'un bond, regarda le ciel la bouche béante et cria comme ce qu'il aurait lui-même qualifié de «grosse tapette en chaleur ».
Paul eût un mouvement de recul et se retourna vers ses amis, sur lesquels il finit d'uriner.
- Ouah, euh..., fit-il en observant le pantalon humide de Charlie.
- Putain mec ! Je vais devenir riche putain ! dit celui-ci sans même sembler se rendre compte qu'il était recouvert d'urine.
Anthony se contenta de faire un grognement

éthylique.
- Ouais putain ! Je vais devenir célèbre en buvant de la bière putain !
- Ouah, euh... C'est super cool. Moi je viens de me voir à côté d'une super gonzesse à poil, sur la banquette arrière d'une voiture !
Les deux hommes se dévisagèrent un instant, puis regardèrent leur ami Anthony, qui se contenta de faire un grognement éthylique.
- Putain mec, faut qu'on arrête de picoler, annonça Charlie.
L'onde de choc de la météorite continua sur sa lancée. Quelques kilomètres plus loin sur la route était garée une autre voiture, celle-là rangée le plus discrètement possible sur le bas coté.
À l'intérieur se trouvait Théo, accompagné d'une jeune fille, dont il avait oublié le nom. Ils étaient tous deux confortablement installés l'un sur l'autre sur la banquette arrière et pratiquaient un jeu qui impose un mouvement du bassin particulier qu'on ne détaillera pas ici.
Il peut sembler parfaitement incorrect qu'un homme ait oublié le nom de sa partenaire lors de ces réjouissances, mais dans le cas de Théo il y avait des circonstances atténuantes. En effet, il faisait cela pour une raison pour lui parfaitement légitime : il avait décidé d'expérimenter au moins deux femmes différentes chaque semaine jusqu'à l'âge de ses trente ans, et ce, uniquement pour que celle qui lui mettrait définitivement le grappin dessus puisse profiter de tout son talent. Il avait rencontré celle-là quelques heures auparavant dans un fast-food, et il n'avait pas vraiment saisi son nom lorsqu'elle le lui avait dit.
Elle commençait juste à pousser de petits soupirs de contentement lorsque l'onde arriva sur eux. Théo eut

un flash de recul, il cria :
- Papa, papa, je peux jouer avec Mathilde ?
L'inconnue de la banquette arrière s'arrêta soudainement de s'agiter.
- Pourquoi tu me regardes comme ça ? demanda-t-elle en clignant des yeux, je ne vois pas ton père, c'est qui Mathilde ?
- Euh... fit-il, comment tu t'appelles déjà ?
Les derniers êtres vivants que l'onde de la météorite atteignit furent une famille d'insectivores, de la caste des Désodorisés, qui décida soudainement de déménager ailleurs.

Emily, c'est comme ça qu'elle s'appelait en fait, regarda par la fenêtre en soupirant d'ennui. Théo se mordit la lèvre en la regardant. A chaque fois qu'il jetait un œil sur elle, il ne pouvait s'empêcher de penser qu'elle était, ou plutôt serait la mère de ses enfants.
- Tu sais, balbutie la jeune femme, si je suis allée avec toi, c'est parce qu'on m'avait dit que tu baisais super bien.
D'habitude, ce genre de remarque aurait rempli de fierté Théo. Mais cette fois il aurait préféré être ailleurs.
- Euh... je suis désolé, ça fait pas ça d'habitude... Là j'ai été... déconcentré, s'excusa-t-il d'un air pénible.
- Quoi, tu as vu un écureuil qui te faisait des signes à travers la fenêtre ?
- Non j'ai... Théo réfléchit un instant. Sa réputation allait déjà certainement en prendre un coup avec la prestation déplorable qu'il venait de faire, il ne valait mieux pas en rajouter en annonçant qu'il avait eu une vision de leurs enfants.
- J'ai des problèmes en ce moment, ma mère est

malade et...
- Eh bè ! s'exclama Emily, tu baises et tu penses à ta mère ?
Théo blêmit.
- Je crois qu'il vaudrait mieux que je te ramène chez toi, non ?
- Ouais, je crois que ça vaudrait mieux en effet.
Emily croisa les bras, ses jambes et fit un soupir.
Théo mit le contact et attacha sa ceinture de sécurité. Puis il regarda sa passagère d'un air qu'il voulait le moins impatient possible.
- Quoi encore ? fit-elle.
- Euh... mets ta ceinture, s'il te plaît...
- Quoi, tu vas me dire que tu conduis comme tu baises ?
Il ravala une fois de plus sa fierté et sourit en grimaçant en se disant qu'il valait mieux la fermer pour le reste du trajet. Il songea un instant à déménager, s'installer quelque part au Pôle Nord.
-------
Paul tentait vaguement de se recoiffer et d'enlever la terre attachée à ses vêtements. Il fallait qu'il soit le plus présentable lorsque l'occasion sur une banquette arrière se présenterait, car il ne doutait pas une seconde que cela arrivât.
Derrière lui, Charlie, le pantalon humide, agitait ses bras comme un pantin.
- Je vais faire fortune en buvant de la bière à Las Vegas, annonça-t-il.
Charlie, tout comme ses deux amis, était blogueur pour jesaistout.com, un emploi pas excessivement dur qui leur rapportait de quoi payer les boissons, ce qui leur suffisait largement. La semaine précédente, Charlie et Anthony avaient rédigé de concert un long article de deux pages sur Las Vegas, grâce à des

séries américaines vues à la télé. Depuis il ne parlait plus que d'y partir. Le fait qu'il ne sache absolument pas où cela se trouvait ne semblait pas les déranger, et toute bonne raison pour s'y rendre semblait bonne à prendre.
- Putain mec, file-moi les clés de ta caisse, vite !
Charlie les yeux injectés de sang, s'agitait de plus en plus.
- Faut que j'aille à Vegas, tu vois, c'est là-bas que je vais faire fortune putain !
- Oh allez euh... t'es chiant putain..., répondit Paul.
- Tu peux pas aller à Vegas avec ma caisse, c'est au moins à euh...
Il chercha dans sa mémoire quelle distance pouvait bien représenter la moitié d'une mappemonde.
- Enfin, tu peux pas quitter le patelin comme ça hein ? finit-il par conclure.
Charlie arrêta soudain de bouger, et regarda son ami avec insistance.
- Tu vas me filer ta caisse, putain.
- Non.
Charlie se jeta sur lui en hurlant et en le matraquant de coups de poing plus ou moins précis. Ils s'effondrèrent tous les deux par terre, anéantissant tous les efforts de présentation de Paul. Continuant de crier comme un fou, les yeux pas loin de l'être non plus, son ami finit par placer correctement un de ses poings, qui arriva directement sur la mâchoire de Paul, terminant ainsi le combat. Paul gémit.
Pendant ces temps, Anthony se contenta de faire un grognement éthylique.

-------

Jamais il n'avait vécu un silence aussi pesant. Théo conduisait à petite vitesse sur la route de campagne qui traversait la forêt en direction de la maison d'Emily. Non qu'il voulait que le voyage dure le plus longtemps possible : il voulait juste éviter qu'un animal mal intentionné ou suicidaire ne se jette sous ses roues et provoque un accident qui terminerait la soirée en beauté.

- Tu sais, dit-il, en braquant légèrement pour éviter une voiture arrêtée sur le bas côté, d'habitude je me débrouille beaucoup mieux, on pourrait peut-être réessayer…
- Je pensais que ta mère était malade et que tu pouvais pas, » s'entendit-il répondre d'une voix glacée.
Il songea une fois de plus qu'il avait raté une belle occasion de se taire, lorsqu'un pauvre bougre sauta hors du bois en hurlant et en agitant les bras vers le ciel, pour atterrir juste sur son capot, la tête percutant le pare-brise. Il pila net ce qui fit heurter sans ménagement la tête de sa passagère contre la boîte à gants, et fit glisser avec violence le type qui s'était jeté sur eux sur le sol.
Il y eut un petit bruit métallique lorsqu'il tomba, un peu comme quand on fait tomber son trousseau de clés sur le sol.
- Aïe ! cria Emily. mais bon sang, qu'est-ce que tu fous ?
- Euh… fit-il, je crois qu'on a renversé quelqu'un.
Elle le regarda d'un air absent.
- Je vais descendre voir, annonça-t-il, peiné.

Théo regarda l'homme allongé juste devant sa voiture d'un air sombre. Il le connaissait bien entendu, comme tout le monde au village. Et il savait que là où était un des trois CAP, les deux autres n'étaient pas très loin. Dommage, pensa-t-il, il aurait pu cacher discrètement le corps dans le fossé et repartir comme si de rien n'était.

Comme il s'y attendait, il vit Paul sortir à son tour en courant des bois. Il se tenait la mâchoire d'un air déplorable et avait la braguette grande ouverte. Il s'arrêta brutalement juste devant son ami Charlie.
- Ouah euh… salut Théo, fit-il.
- Il est mort tu crois ?
Ils regardèrent Charlie en silence.
- Je sais pas, annonça Théo, de plus en plus inquiet.
Emily sortit à son tour de la voiture.
- Oh, merde, qu'est-ce que t'as fait ?!
- Mais je l'ai pas fait exprès, je … je …
- Ouah euh… regardez, il bouge !

En effet, Charlie leva avec difficulté un bras et le fit retomber sur sa tête. Le cœur de Théo se remit à battre à une vitesse normale. Paul se dirigea d'un pas nonchalant vers la voiture sur laquelle son ami s'était jeté.
- Ça va toi ? demanda aigrement Emily à Charlie.
- Oh putain… Ouais ouais, je crois.
Il se releva péniblement.
- Eh putain, salut Théo… Il jeta un œil vers Emily.
- Eh, elle est plutôt bonne celle-là !
Le regard d'Emily s'assombrit encore plus.
- Bon. Le plouc a l'air en état. On y va ? hasarda-t-elle.
- Je peux venir avec vous ?
Paul avait le regard brillant et plein d'espoir.
- Je m'assois derrière, annonça-t-il en prévision éventuelle de la rencontre avec une femme dévêtue …
Charlie voyait là une occasion pour aller quand même à Las Vegas :
- Putain, c'est cool ! Alors tu me files ta caisse ?

- Euh... tu fais chier, prends la.

Paul ouvrit ensuite la portière arrière de la voiture de Théo et s'y installa, se gratta la tête en regardant successivement Charlie qui avait ramassé ses clés et commençait à ramper vers la voiture arrêtée sur le bas coté. Il cligna des yeux et ouvrit la bouche.
- Euh...
- Tais-toi, le looser, le coupa Emily, puis s'adressa à Théo :
- Tu montes dans la caisse, et on se casse d'ici. »
Théo la regarda un instant mais préféra finalement obéir.

L'avantage d'avoir pris Paul avec eux était que l'ambiance n'était plus silencieuse. En effet, Paul n'arrêtait pas de se retourner partout sur la banquette arrière, comme pour éprouver son confort. Théo n'osait pas lui demander pourquoi il faisait ça.
- À ta place je mettrais ta ceinture, lui confia Emily, qui, cette fois, s'était accrochée.
- Ouah euh... attends ! Il fit un petit rire d'ivrogne.
- Je teste !

Théo, lui, se contentait de conduire le mieux possible en n'arrêtant pas de se répéter que sa vie sociale, et même pire, sa vie intime était perdue à jamais. Il distingua alors quelque chose bouger au milieu de la route. Il se prépara psychologiquement à ce que cela lui saute dessus, puis observa plus en détails.
- Eh vous avez vu ? s'exclama-t-il.
Ses passagers regardèrent à leur tour la route.
- Dis moi, ce n'est pas une femme nue en train de courir, n'est-ce pas ? demanda innocemment Emily avec un sourire pincé. Théo avait prié pour que ce ne fût pas le cas, mais personne ne semblait l'avoir

entendu.

Il arrivèrent finalement à la hauteur de la jeune femme sportive, qui était effectivement nue, et s'arrêtèrent.
- Marcelline ?! s'exclama Théo,
- C'est vous ? Mais qu'est-ce que vous faites là ? »
La jeune femme haussa les épaules.
- Eh bien… c'est bien moi. Marcelline avec deux elles, comme tu vois, je cours.
La toute première remarque qui fusa dans l'esprit de Théo fut
- A cette heure de la nuit ?
Mais Paul le coupa heureusement avant qu'elle puisse parler.
- Ouah euh… restez pas là, montez !
La jeune institutrice regarda en grelottant l'homme qui venait de parler, et qui se dépêchait d'ouvrir la portière pour elle. Théo pensa qu'à sa place, il aurait fui le plus vite possible, mais il pensa aussi qu'à sa place, il n'aurait pas été courir complètement nu dehors. Elle accepta en souriant la proposition et monta dans la voiture.

- Excusez-moi, demanda doucement Emily, tandis que Marcelline accrochait consciencieusement sa ceinture,
- mais pourquoi couriez-vous nue dehors ?
- Eh bien, répondit la jeune femme en tenue d'Ève en rougissant, c'est assez compliqué à expliquer… Voyez-vous, j'ai eu la vision que je courais nue sur la route, alors, eh bien, voilà.
- Vous avez quoi ? fit Paul.
- Moi j'ai eu la vision que vous alliez être là, à poil à côté de moi !

- Là tu rêves un peu, je crois. Puis après quelques secondes pour mieux s'expliquer :
- Oui, bien sûr je n'ai pas été la seule à être touchée. Il doit s'agir d'une onde de choc qui s'est propagée depuis un épicentre unique.
Elle était contente de cette phrase, surtout pour garder son prestige de professeur d'école !

Théo jeta un coup d'œil à Emily, qui semblait aussi perdue que lui. Peut-être était-ce la vision de la femme si prestigieuse du village dans une tenue si simple qui le dérangeait, mais il n'arrivait pas à associer les mots 'vision', 'onde de choc', 'épicentre' et, accessoirement, 'poil' avec une discussion civilisée d'usage courant.
- Continuez à rouler, jeune homme, l'explication n'est pas très loin d'ici : j'en viens.

Théo, qui commençait sérieusement à se dire qu'il aurait mieux fait de rester chez lui ce soir-là, redémarra. La seule hypothèse qui lui venait à l'esprit était que l'institutrice appartenait à une secte satanique et qu'elle les amenait au reste de la communauté, qui certainement les disséquerait. Il pensa en tremblant qu'il ferait peut-être bientôt partie du groupe restreint d'êtres humains à avoir vu leur propre cœur avant de mourir.

- Ouah euh… vous savez, ça fait tout bizarre de vous voir comme ça, mademoiselle, annonça Paul en rougissant.
- Eh bien, euh… répondit l'institutrice en rougissant à son tour,
- c'est partagé, mais comme c'est bizarre, laisse tomber « Mademoiselle », appelle moi simplement

Marcelline avec deux elles. Et, euh, votre... votre braguette est ouverte !
Paul baissa la tête.
- Ah oui ! Ah ah, c'est parce que j'étais en train de pisser quand c'est arrivé, alors j'ai pas pensé à la remettre en place.
- Ah ah ! firent sans conviction Emily et Théo.

L'institutrice se passa les mains dans les cheveux comme si ce qu'on remarquait en premier chez elle était son visage, puis demanda.
- Et vous deux, vous n'avez pas eu de vision étrange ?
Théo regarda Emily qui rougit un court instant.
- Non, dit-elle.
- Et toi, Théo, interrogea Paul,
- t'as vu quoi ?

Il se mit à réfléchir à toute vitesse. S'il répondait non, il serait exactement dans le même cas qu'Emily, ce qui, à son avis, pouvait les faire tuer tous les deux : deux non-voyants feraient certainement deux bons sacrifiés. Si au contraire, il disait que oui, alors forcément un des deux survivrait : celui qui aurait donné la bonne réponse. Mais quelle était la bonne réponse ? Dire oui avait l'avantage qu'on se retrouvait plus ou moins dans le cas de l'institutrice de Sabbat, et donc qu'elle pourrait nous épargner. Et puis, comme il avait réellement eu une vision, autant s'en servir.
- Eh bien... j'ai vu que... commença-t-il. Il regarda une nouvelle fois Emily et déglutit.
- Je nous ai vus mariés tous les deux, voilà.
Marcelline acquiesça avec vigueur, ce qui lui permit de croire qu'il avait eu raison, mais Emily sembla presque sur le point de vomir.

- Et on avait un gamin ! rajouta-t-il à son attention, pour tenter de la rassurer, ce qui ne marcha pas comme il l'avait imaginé.
- Regardez là-bas, lança enfin Marcelline, l'astéroïde est là-bas !

Le météorite n'était pas très grand, mais il avait tout de même fait un beau trou au milieu de la route. La voiture passerait difficilement, pensa Théo en coupant le contact. Il préparait déjà sa possible fuite. Les autres descendirent tous voir ce qui était tombé, et il se décida à les suivre, en laissant tout de même sa portière ouverte.

- C'est à cause de ça qu'on a eu nos… visions ? demanda-t-il d'un air peu convaincu en voyant le petit morceau de pierre grisâtre au fond de son cratère.
- C'est en effet ce que je crois, répondit l'institutrice. Je pense que ce météorite en tombant a créé un champ quantique sphérique temporaire qui a déformé l'espace-temps tout autour de lui.
- Alors ce n'est pas une secte satanique ? Il restait assez incrédule. Comment un caillou pouvait-il déshabiller les gens ?
- Miaou… fit Yab.
- Oh regardez, s'exclama Emily,
- c'est mon chat ! Viens me voir chaton !
Yab s'avança doucement vers celle qui la nourrissait. Emily le prit aussitôt dans ses bras et se mît à le cajoler comme si c'était un chaton de quelques mois. Théo, qui n'appréciait pas vraiment les chats, eut droit à un regard noir de la part de l'animal. C'est ultra sensible un chat.
- Marcelline, d'où tires-tu ta théorie complètement

farfelue ? demanda Emily sans arrêter de cajoler Yab
- sur internet jesaistout.com Ils ont une rubrique Physique Quantique.
- Ouah euh... vous vous connectez sur jesaistout.com ? s'exclama Paul. Il gonfla la poitrine et dit :
- Je suis rédacteur dans ce site.
L'institutrice se tourna vers lui.
« C'est vrai ? Mais c'est formidable ! Que pensez-vous de ce cas ? »
- Eh bien... Paul réfléchit un instant. Il en pensait pas grand chose. Je crois que vous avez raison. Chacun de nous a dû avoir une vision fugitive du futur.
- Oui, cria-t-elle toute joyeuse.
- Vous savez, lorsque j'ai eu ma vision, je me suis dit : courir comme ça nue, ce n'est pas normal. Et puis ensuite j'ai réfléchi. Si nous étions, comme je l'ai pensé aussitôt, dans une sphère d'avenir quantique, alors ma vision ne pouvait être que réelle !
- Donc, il était inutile de résister, et c'est comme ça que je me suis retrouvé ici toute nue en train de courir.
- Attendez, fit Théo,
- Vous êtes allée courir nue, uniquement parce que vous vous êtes vue courir nue ? Alors si ce phénomène ne s'était pas produit, vous ne l'auriez pas fait ?
Non que Théo ne comprenne vraiment ce qui se racontait devant lui, mais il avait lu suffisamment de livres de Science-Fiction pour savoir qu'un bon héros devait toujours avoir la situation en main, et ce, même si la situation en question était complètement hors de sa portée.

- Ce que tu ne comprends pas, expliqua Paul avec un sérieux dont on ne l'aurait pas cru capable, c'est que, ayant vu le futur, elle a tout de suite compris qu'elle ne pouvait pas y échapper. Quelle que soit la raison, il fallait que ça se produise.
- Tu veux dire, ajouta Emily qui avait reposé Yab, l'avenir que nous avons vu, va forcément se produire ?
Théo pâlit une fois de plus. Il repensa à son fils, à sa femme en devenir, qui se trouvait par un heureux hasard juste à côté de lui à ce moment. Puis la soudaine envie de mettre son plan de fuite à exécution et de laisser tous ces trucs tirés par les cheveux derrière lui. Mais un bon héros n'aurait pas fait ça... ce qui le laissait perplexe quant à l'identité du héros dans cette histoire. Il ne voulait pas se marier avec cette fille ! Pas maintenant ! Il n'avait pas encore trente ans !
- En effet, répondit toutefois Paul. Nous avons vu l'avenir tel qu'il est, et non pas tel qu'il pourrait être si on faisait ci ou ça. Le temps est une dimension comme une autre. C'est un peu comme si on regardait le ciel : quoi qu'on fasse, on ne peut pas en changer la couleur. Je crois que ce que vous avez vu tous les deux va se produire, quoi que vous fassiez.
- Miaou, fit Yab.
On l'a déjà dit, les chats ont le talent parmi d'autres de se faire comprendre avec une efficacité redoutable, sans avoir besoin d'un alphabet de plus de cinq lettres.
Anthony se contenta de faire un grognement éthylique. Il se reposa tranquillement sous un arbre protecteur.

- Je veux rentrer chez moi, annonça Emily, ce qui

était la parfaite traduction de ce qu'avait dit son chat.
- Vous avez raison, dit Marcelline.
- Il commence à faire froid.
Puis se tournant vers Paul avec un sourire de jeune femme plus mignonne que solitaire.
- Pourriez-vous me raccompagner ? J'habite à une centaine de mètres à peine d'ici à travers bois,
Et tous deux partirent bras dessus bras dessous dans la forêt.

- Tu sais, dit Théo une fois qu'ils furent hors de vue,
- ils ont sans doute complètement tort.
- Ramène-moi ! » se contenta de dire Emily, moins en colère qu'avant mais sans doute un peu plus ébranlée.
Quelques dizaines de minutes plus tard, ils étaient arrivés devant la maison où habitait Emily avec ses parents.
- Bon, fit-elle.
- Tu sais… moi aussi j'ai eu une vision ce soir.
Théo la regarda sans rien dire.
- Je nous ai vus… en train de… enfin… viens, quoi, murmura-t-elle en lui prenant la main, pense à ta fille.
- Ou mon fils, ajouta-t-il.
- Miaou ! Appuya Yab, qui commençait à avoir des démangeaisons dans les pattes à force de rester affalé sur les genoux de sa maîtresse.

-------

Ce soir-là, toute une famille d'insectivores se déplaçait furtivement à la recherche d'un nouveau foyer.
Un homme avec trois grammes d'alcool dans le sang roulait à une vitesse effroyable vers le rêve

américain.

Une institutrice et un futur alcoolique repenti discutaient avec passion de physique quantique et de napperons brodés.

Théo prouvait finalement son talent à celle qui deviendrait sans aucun doute sa femme.

Anthony se contenta de faire un grognement éthylique dans son profond sommeil, toujours sous le même arbre. Un beau matou élancé du nom légendaire de Yab s'acharnait à écrire sur une feuille de papier les numéros gagnants du PMU du dimanche suivant.

## Yaka V

Avoir de l'espoir fait rêver, le destin attrape la réalité.

*

Imposer sa vérité transforme le mensonge en croyance.

*

Même si tu ne crois pas ce qu'on te dit, tais-toi et écoute. Il y a toujours de quoi trier.

*

Dommage qu'on ne puisse troquer ses problèmes.
On trouve toujours une solution
pour les problèmes des autres.

*

La liberté ce n'est pas faire ce que tu aimes,
mais aimer ce que tu fais.

*

# Promenade

Ce matin je me suis levé tôt,
Pour promener mon chien.
Aux chemins de mon village,
Longeant trottoirs et caniveaux.
Tournant en rond et pas trop loin,
Sous l'œil de mon voisinage,
Rideaux et stores écartés.
Jubilant de joie et d'ivresse,
De voir mon chien en laisse,
Faire ses besoins patte levée.
Ce matin je me suis levé tôt,
Pour promener mon chien
Et regarder mon voisin,
Ouvrir sa porte et sa bouche
Avec un bruit entrebâillé.
Dans sa main un bout de pain,
Beurré juste ce qui faut.
S'asseoir sur une vieille souche,
Écouter le temps et des merveilles,
Qu'on n'imagine même plus.
Ce matin je me suis levé tôt,
Pour promener mon chien.

Voir la vache de Germain,
Mâcher comme une américaine
du bon chewing-foin.
C'est la campagne à ce qu'on dit.
La vie est bien plus saine,
Ici on meurt sur son lit.
Loin des entrailles de la ville,
Ce matin, je me suis levé tôt,
Pour promener mon chien.
Et j'ai fait bonjour à Gabrielle,
Avec un hocher de tête.
Et aussi à Géraldine l'autre voisine,
Elle aime beaucoup faire la fête.
Parler de ses découvertes
un peu comme on imagine,
La vie les pleurs et les rires,
Des gens qui n'ont rien à dire.
Ce matin, je me suis levé tôt,
Pour promener mon chien.

## Sans commentaire

Trois garçons se vantaient de leurs pères. Le premier dit :
- Mon père est maire.
Le second dit :
- Eh bien, mon père est ministre.
Le troisième commence à rire et dit :
- Mon père pèse 200 kilos et tout le monde dit : Dieu tout-puissant !

## Mal au ventre

Ce matin j'ai mal au ventre,
Là, en milieu en dessous le nombril.
Puis à coté, là un peu plus haut
Et un peu plus bas aussi.

Ce matin j'ai mal au ventre,
Tu vois, ma santé ne tient qu'à un fil.
Sombre avec un rien qui faut
Un peu par là, un peu par ici

Ce matin j'ai mal au ventre,
J'ai mal partout, tu peux me croire.
Si tu as ce sourire plein de didines,
De l'amour pas périssable,
Je suis certain de ne plus souffrir
De mon mal au ventre.
Et ailleurs aussi.
Comme ça je n'aurai plus rien à dire.

## l'Ultime voyage d'Otto

Otto se reposait sur l'enseigne publicitaire d'un candélabre en plein centre ville.
Otto était un rescapé d'un tir groupé de chevrotine en sa direction.

Otto était un pigeon. Pas un pigeon ordinaire, que non, Otto était un pigeon voyageur.
En plus Otto était un sportif reconnu dans le milieu de la colombophilie.
Pas moins de quatorze fois Otto a été déclaré champion toutes catégories, toutes distances.
Revenons au tir groupé de chevrotine. Bien que la plupart des petites boulettes de plomb passèrent à coté d'Otto, il y avait tout de même quelques chevrotines pour impacter le pauvre Otto.
Heureusement pas d'organes vitaux, mais quand même des dégâts assez importants dans l'aile gauche de son envergure.
Le drame est, qu'avec une aile handicapée et hors service, il est difficile, même pour un champion

comme Otto de garder le cap. Otto n'avait pas d'autre destination de chavirer et de piquer vers le sol.
Le choc fut terrible. Otto heurta de pleine tête le bas du trottoir dans une rue heureusement assez calme.
Cela lui permit de se reprendre quelque peu et de sautiller plus ou moins à l'abri dans une poubelle renversée.

Otto était né en Autriche, plus précisément à Vienne, Wien pour les germanophones. C'est pour ça qu'Otto s'appelle Otto. Pour ceux qui ne le savent pas : Otto est un nom d'ethnique germanophone.
Otto a été envoyé par camion spécial avec des camarades à Steenvoorde dans le Nord de la France. Le but était de prendre envol sur place pour revenir dans son pigeonnier à Vienne. Le premier arrivé serait déclaré champion.
Otto volait en tête de la course.
C'est aux environs de Passavant la Rochère, commune de la Haute Saône que le drame est arrivé.
Bang Bang, deux tirs et pas moins de six pigeons prélevés pour égayer un plat de petits pois. Deux blessés, dont Otto.
C'est tout ce qu'Otto arrivait à se mémoriser. Il ne se souvenait plus quel était le but du vol et encore moins le plan de vol de colombophilie.
Rapidement Otto s'était remis de ses blessures. Certes le fait de voler lui donnait encore des douleurs musculaires, mais cela aurait pu être pire.
Il se remit à voler et avait pris cap sur Épinal dans les Vosges à quelques dizaines de kilomètres de Passavant. Pour quoi Épinal ? Total hasard. Il avait simplement suivi quelques hirondelles revenant de leur villégiature collective.
Le voici donc à Épinal parqué sur l'enseigne

publicitaire du candélabre.
Otto se sentait seul ; il y avait bien d'autres pigeons mais visiblement de culture différente. Lui était un pigeon voyageur, mince et élancé. Fier de son corps. Certes un Pigeon Sans Domicile Fixe (PSDF), mais ça c'est à cause de la perte de mémoire et accessoirement de son sens d'orientation.
Les autres pigeons sont des pigeons d'aides urbaines et touristiques. Ils se groupent aux emplacements stratégiques pour que les humains puissent jeter de la nourriture dont ils ne veulent plus pour des raisons généreuses.
C'est parfois plus facile de donner aux pigeons qu'ailleurs.

Otto avait bien essayé de se mêler aux autres. Mais il avait ressenti un refus psychologique. Surtout quand quelques pigeonnes semblaient s'intéresser à lui pour voir si un éventuel concubinage ne serait pas envisageable.
Les pigeons célibataires n'étaient pas d'accord. Ils lui faisaient comprendre que leurs copines, sœurs et autres pigeonnes n'étaient pas autorisées à partager le parfait amour avec un étranger.
Sauf, eh oui, il y a toujours un "sauf", l'exception qui confirme la règle, sauf donc, cette pigeonne avec une aile un peu déformée de naissance. Cela ne l'empêchait pas de voler, il suffisait de coordonner la force des deux ailes pour ne pas partir en biais. Mais question performance il y avait de quoi dire.
Elle se fatiguait plus vite, surtout elle était moins rapide. C'est justement la rapidité qui compte pour chopper les meilleures bouchées avant les autres.
Otto l'avait remarqué, et aimait beaucoup le charme de sa tristesse. Il trouvait ça émouvant. C'est ainsi

qu'au bout d'un certain temps, à force de devoir se contenter des morceaux délaissés, que la pigeonnette et Otto avaient engagé rapidement une solide relation d'amour. Ils se donnaient plein de coups de bec tendres, Otto cédait les meilleurs morceaux de ce qui restait à la pigeonnette. Et chaque fois elle le remerciait avec des roucoulades.
C'est justement lors d'une soirée de tendres roucoulades qu'ils décidaient d'en finir avec cette vie urbaine et de déménager en campagne. Otto pouvait en parler : combien de fois il avait survolé la campagne et les villes? Des centaines de fois pour sûr !
Il lui racontait ces fermes où les fermières jetaient des graines devant les poules. Il y en avait tellement qu'assurément il en restait pour deux pigeons. De toute façon lors des repas des cochons il y avait de quoi nourrir une famille de pigeons.
Cela tombait bien, justement la pigeonnette et Otto envisageaient de fonder une famille.
Otto s'y voyait déjà : lui, gardien des œufs, fruits de plein de roucoulades, que sa chère pigeonnette avait pondu dans leur nid de campagne.
Ainsi dit, ainsi décidé. Un beau matin ils partent tout deux avec comme bagage leur courage et surtout leur amour. Au bout de quelques temps ils remarquaient une ferme un peu isolée. Une maison avec une étable, des granges pleines de foin et de paille... Une ferme traditionnelle.
Ils décidaient de s'arrêter sur la cime du toit de la grange pour observer les va et vient de l'exploitation.
Le fermier en exercice à ce moment-là, était le père Jean. Il avait l'expérience. Il était en tête de quatre générations de fermiers.
Il dirigeait ainsi fermement les activités et la vie de

sa ferme. Il communiquait ses décisions avec la légitimité de sa position de fermier ancêtre.

Jean était ce jour-là en colère. Il avait dit à son petit fils Jean III de prendre son fusil et de tirer quelques perdreaux dans la campagne pour le dîner dominical. Jean III n'aimait pas tirer. Jean III est pacifiste et de ce fait contre les armes. il se peut qu'il soit même un peu végétarien sur le bord, mais j'en suis pas sûr.

En tout cas Jean I se sentait obligé d'aller tirer les perdreaux lui-même, Jean II étant en pleine moisson, il ne restait que lui pour s'acquitter de cette tâche. Jean IV suçait encore son biberon. Il ne pouvait à peine marcher seul.

Entre temps Otto et la pigeonnette étaient descendus dans le champs de blé fraîchement moissonné. Il y avait encore plein de graines tendres. C'était le régal. Ils oubliaient tous les dangers autour d'eux. De toute façon, il n'y avait pas de pépins en campagne. Pas de circulation, rien. Seulement un champs immense de graines succulentes.

Jean I chargea son fusil à double canon. Il ajusta ses lunettes de vue, il était carrément myope, et s'engagea dans le champ de blé où.... Oui, où nos pigeons s'étaient mis à table, comme on peut dire.

Pour la fin de cette histoire, c'est facile à deviner. Jean I, myope avec de vieilles lunettes usées avait pris les deux pigeons pour des perdreaux. Un tir groupé, et l'amour terrestre se transformait pour Otto et la pigeonnette en amour éternel.

Bronzés, tout nus, allongés côte à côte sur un lit de petit pois de la ferme. Aile contre aile.

## Le Coq Perché

Le coq chante en haut de son perchoir,
Bon, c'était avant, parce que aujourd'hui
Il n'y a plus rien à voir.
Le coq, légèrement endormi,
S'était fait attraper en un tournemain.
On lui coupa le cou sans discussion
Il battait des ailes, mais en vain.
Muet, privé de ce que tous les coqs font :
Chanter tous les matins très tôt,
Réveillant le monde et ses poules
Pour aller pondre,
Avant de terminer en poule au pot.
Le coq ne chanta plus,
On lui arrachait toutes ses plumes
Et aussi ses entrailles,
Pour l'enduire de quelques agrumes,
Parfumer sa chair frottée de paille.
Des morceaux trempés dans le jus de raisin,
Un peu de poivre et de sel, des épices aussi.
En marinade pour faire un coq au vin.
Le perchoir étant devenu vacant.
Il y avait bien quelque poule, pour essayer le chant.
Mais malgré l'effort, il n'y a plus foule.

Poule n'est pas coq fort avec la puissance.
Une voix si haut perchée.
Chantant avec une grande aisance
Réveillant même le clergé.
Jusqu'au jour où le coupeur de cou,
Après avoir bien mangé le coq en morceaux,
Ne sort plus de son lit si doux,
Et allongea le temps de son repos.
Il ramassa les œufs trop tard,
N'avait plus de temps de faire son temps
Et commença à faire du lard.
Regretta le chant, le silence n'avait pas de sens.
Ça ne réveille pas pour faire ce qui est à faire
De ses journées en retard.
Il se pressait vers son voisin,
Acheta le fils de son coq, grande voix reconnue,
Fils aussi d'une poule très saine,
Aux allures vraiment dodues.
Le coq si jeune prit siège au perchoir
Ne sachant pas encore être sage,
Ce qui n'est à son jeune âge pas rare.
Les poules amoureuses de son jeune âge,
Lui assuraient que la sagesse et la voix
Viendront un beau jour.
Qu'il prenne en toute patience le temps
d'attendre à chanter ses aubades,
À son heure de gloire, avant de terminer en
marinade.
L'histoire se répète sans faille,
Coq, poule, chien ou homme,
Tout se répète dans l'éternité,
Rien ne disperse la vérité en somme.
Nous allons servir en toute liberté,
En nourriture ou en engrais.

## Crocodile

C'est l'histoire de trois touristes qui sont sur le bord du célèbre fleuve le Nil. Ils font une escale pendant leur croisière. L'un deux voit un crocodile et lui lance un cailloux, le deuxième trouve cela marrant et l'imite.
Le crocodile s'énerve, sort de l'eau et se précipite en direction des trois touristes. Les deux premiers foncent pour se mettre à l'abri. Ils voient que le troisième ne bouge pas face au crocodile. Paniqués, ils hurlent à l'adresse du retardataire :
- T'es cinglé ou quoi ? Ne restes pas là, tu vas te faire bouffer par ce monstre !
Le troisième touriste avec un calme et une assurance souriante :
- Mais non, ne vous inquiétez pas, je ne suis pas cinglé, moi je ne lui ai pas envoyé de caillou !

## Yaka VI

L'amitié c'est comme un arbre. Les deux attendent le jour où tu passes à nouveau.
*
Une relation d'amour est que tu dois solutionner un problème qui n'existait pas si tu avais été seul.
*
Même un pêcheur ne peut pas empêcher qu'une pêche ait un noyau.

## L'orateur

Fasciné de son pupitre
En discours et défense de son titre
Tape avec discrétion
Sur le micro pour faire un son
Caresse le bois bien ciré
Debout comme amarré
En vérité et certitude
Gonflant en amplitude
L'orateur avec large sourire
L'œil sur le texte à lire
Timide et regard en cieux
Les mains en creux
Livre bataille
Malgré sa haute taille
À étaler son savoir
Avec un certain désespoir
Ne sachant pas son texte
Et même pas le contexte
Obligé de lire les écrits
Que son nègre lui a prescrit

Jusqu'au jour viendra son tour
Lors d'un mauvais discours
Parfumé des vilain mots
Des mensonges bien gros
Le nègre se précipite
Et s'empare du pupitre
Se clamant de tout savoir
Il suffit de le croire
Las de s'exprimer en cachot
Par des mots en flots
Au service de son prochain
Avec l'accent de ses mains
Posant devant son miroir
À voir, qu'il laisse croire
En son grand talent et sagesse
D'orateur, pour dire la messe
De la vérité et de son autorité
Prônant l'amour de soi-même
Par des « bravos » qu'il aime
Puis la panne de plume, qu'il assume
Par manque de passion
Et trop d'autosatisfaction
De lire ce qu'on va lui dire
Quand il arrête lui aussi d'écrire.

## La plage

Deux escargots se dirigent vers la plage. L'un d'eux voit une limace se dorer au soleil.
- Viens, on fout le camp, ce n'est pas pour nous ici, c'est une plage de nudistes.

# Cambriolage

Le réveil sonnait.
Il est six heures et demie du matin et il est temps de se lever. Comme tous les mardis c'est difficile d'entamer la semaine de travail.
Hubert de Mastignac est gérant chez un bijoutier de renom sur la place principale de la ville. Comme tous les matins, en tant que responsable, il se doit d'être présent environ trente minutes avant l'ouverture et l'arrivée des autres employés, pour mettre tout en ordre et vérifier le système d'alarme.

Après une douche chaude, il prend un sandwich rapide et un café allongé avant de quitter son domicile. Il est huit heures, il faut bien vingt à trente minutes pour parcourir le trajet.
En arrivant en ville aux environs de huit heures vingt, Hubert s'arrête devant le feux tricolore en attente de la couleur verte. Un homme le regardait du coté trottoir. Subitement il s'avança et ouvra la portière passagère. Il s'installa sur la siège et planta un pistolet dans les reins du pauvre Hubert.
- Grouilles-toi, je t'accompagne à ton travail.
L'homme n'avait pas l'air de plaisanter. Hubert s'exécuta sans demander son reste.

Quelques minutes plus tard ils arrivèrent à la bijouterie. Une autre voiture était déjà garée devant la porte. Un individu sortait avec visiblement une arme dans la poche de son imper. Hubert ouvrait le sas grillagé de la boutique, puis la porte moyennant un code d'accès et une clef spéciale.
D'habitude il se renfermait jusqu'à l'ouverture de la

bijouterie à neuf heures, mais cette fois-ci il décida d'oublier et laissa la porte non verrouillée.

Les deux hommes avaient remis un sac en toile à Hubert et l'un d'eux aboya :

- Tu remplis avec tout ce que tu trouves dans ce magasin. Y compris les coffres. Dépêches-toi, si non ça va barder !

Hubert hésitait, ne sachant pas quelle attitude prendre. Une gifle bien placée au visage lui supprimait toute hésitation et il commença à remplir le sac. D'ailleurs dans les consignes de sécurité de la direction il était bien stipulé qu'il fallait juste coopérer et ne pas résister. Il passa devant toutes les vitrines et attrapa tout ce qu'il pouvait.

Il était réticent à donner le sac, mais il le donna quand même. Après ce qu'il avait lu dans les journaux, ces hommes n'étaient pas des anges.

L'homme avec le pistolet attrapa le sac, le donna à l'autre homme et poussa Hubert avec violence en arrière, il pointa son arme sur lui :

- Tu n'as pas ouvert les coffres. Dépêches-toi, on n'a pas beaucoup de temps. Il pointa l'arme vers son visage. Les larmes coulaient bientôt sur les joues d'Hubert et il s'écoutait supplier de le laisser vivre. Il n'avait que trente-cinq ans, et au début de sa vie.

Il laissait une copine qui attendait leur premier bébé dans quelques semaines.

L'homme faisait un geste de pardon, lui expliquait qu'il n'avait rien contre lui personnellement, mais étant donné qu'Hubert était le seul à connaître le code du coffre ...

Hubert s'accrochait à cette lueur d'humanité qu'il avait détectée dans le son de la voix de son agresseur. Il prit son courage et lui dit qu'il ne connaissait pas le

code.
- Tu te fouts de ma gueule ?
Hubert recula pour se mettre dos au mur. Derrière le velours de décoration il y avait le bouton. En appuyant dessus une alarme devrait se déclencher au commissariat de police.
Avec son dos il réussit à enfoncer le bouton. Il levait la main devant son visage comme quelqu'un qui essayait par tout moyen de se protéger.
C'est ma direction qui m'appelle tous les matins pour me donner le code. Ça change tous les jours à 9h15.
- Alors jusqu'à neuf heures et quart le code d'hier est encore valable. Arrête de faire chier tout le monde. Il est presque neuf heures. T'as vraiment envie que tout cela se transforme en carnage ?
- Non la nuit, personne ne peut ouvrir le coffre. Il faut avoir les deux clefs. Moi j'en ai qu'une seule. À partir de neuf heures et quart le code remplace la deuxième clef.
- Tu joues avec quoi ? Pourquoi je devrais te croire ?
L'homme le regardait étonné, il en avait déjà beaucoup vu dans sa vie de hors-la-loi, mais jamais quelqu'un qui baratinait autant. Maintenant c'était vrai, c'était aussi la première fois qu'il cambriolait un bijoutier.

- OK, répondait Hubert, je vais regarder dans le tiroir du comptoir, peut être il y une clef ...

- Fais attention ! Pas de plaisanteries... Je te surveille !

Comme d'usage un neuf millimètre se trouvait dans ce tiroir armé et prêt à l'usage.
Hubert attrapa l'arme et en un éclair il pointa l'arme

vers l'homme et tira.
L'autre homme n'attendait pas la suite et s'enfuyait à toute allure en emportant le sac.
La police arrivait en même temps pour attraper le fuyard avec les bijoux.

Hubert, pistolet en main, tremblait encore sur ces jambes, tentant de s'expliquer pourquoi ce type qui gisait sur le sol était visiblement mort.

Le capitaine Étienne Viviers avait mis des gants et prit l'arme du cambrioleur.
- Merde, C'est un jouet en plastique. Il pouvait même pas tuer un cafard avec ça.
Hubert de Mastignac fut mis en examen pour avoir donné la mort sans intention de la donner. Son avocat plaida la légitime défense.

Le survivant du cambriolage fut lui, condamné à deux ans de prison ferme et un an avec sursis. Il n'avait pas d'arme, même pas une factice.

*Imaginez, vous, qui lisez ce récit, que vous êtes juré dans ce tribunal. Hubert vous regarde. Que décidez-vous ? Que décide votre intime conviction ?*

## Une chèvre chez soi !

Deux amis discutent.
L'un déclare qu'il va acheter une chèvre.
- Acheter une chèvre ? s'étonne l'autre.
- Oui, je vais acheter une chèvre. C'est pour avoir du lait frais tous les jours, et qui sait, peut-être faire un fromage !
- Mais tu habites dans un appartement !
- Et alors, l'été je la mettrai au balcon.
- Et l'hiver ? Comment tu vas faire ?
- Je la laisse à l'intérieur ! Fastoche, je la sortirai en laisse !
- Et les mauvaises odeurs ?
- Oh, il faut bien que la chèvre s'habitue !


## Soif ...

C'est l'anniversaire de petit Arthur. Sa maman l'autorise à faire une fête et inviter ses copains et copines. Maman met le gâteau et plein de bouteilles de soda dans le frigidaire.
Arthur regarde sa mère faire avec attention et ajoute quelques bouteilles vides.
- Pourquoi tu mets des bouteilles vides au frigo ?
- C'est pour les enfants qui ont pas soif !

## C'est logique

Deux gars se disputent le titre de fou de village. L'un dit à l'autre :
- Tu vois cette forêt ?
L'autre répond :
- Désolé, je ne vois pas, il y a trop d'arbres devant.

## Contrôle routier

Un gendarme arrête un motocycliste :
- Eh, bien, monsieur, je constate que vous n'avez pas de feux devant, et pas de rétroviseur !
Ça va vous coûter 45 euros !
- Je suis bien d'accord, monsieur, Mais il faut que ce soit fait pour demain matin !

## Question et réponse

- Quand sauras-tu que tu as vraiment besoin de perdre du poids ?
- Si tu t'allonges sur la plage et que les gens de Greenpeace vont essayer de te repousser dans la mer !

## Pêcher

Demain  matin je t'invite à aller pêcher,
Demain matin je t'invite au bord de l'eau,
Observer les courants nouveaux.
Tranquille, assis sur ton fessier.
Je t'invite à nourrir à l'hameçon
Les poissons infiltrés dans ton coin,
Surveille bien ton bouchon
Pour attraper cette proie avec soin.
Faut être dingue, à mordre dans un appât
À l'hameçon aux aqua-friandises,
Transperçant l'objet du désir,
C'est stupide, quoiqu'on en dise.

Le destin d'être poisson et mouillé,
Sous une canne savamment perchée,
C'est la grande débrouille
Pour éviter d'être captivement séché.
L'art de noyer le poisson,
Condamné en coupable d'avoir la dalle,
Pour un peu de nourriture d'exception,
Le privant de son identité originale.
Il y a des jours que je suis, dit-on
Comme un poisson dans l'eau.
Envie de chanter « ainsi font font »
Dans un monde sans défaut.
Être pêcheur ou être pêché,
C'est peut-être la question.
Ou être mouillé ou séché,
Poisson ou pêcheur c'est qui le con ?

## Murmures

Mu, mu, mu, murmure
Doux, doux, c'est sûr
Pa, pa, pa, parole, t'es mon idole
Toi, toi, toi, moi, toi
C'est nous ça va de soit.
Tou, tou, tou, ça fait le tour
Pour toi, je suis en amour
Dis, dis-moi
Je te veux, toi, toi, toi.
Viens, viens dans ma cour
Dans ma cage d'amour
Cou, cou cou, couche-toi
Tout près de moi
Je te ferai la cour
Pour te dire mon amour
Mu, mu, mu, murmure
Doux, tout doux, c'est sûr
Pa, pa, pa, parole, t'es mon idole

## Yaka VII

Si la mort ne peut t'attraper, elle t'envoie un spécialiste.
\*
Nous vivons tous sous le même ciel,
mais nous n'avons pas la même destination.
\*
Les gens qui vivent grâce à des compliments,
ont intérêt à faire une diète.

## Matoufix

Matoufix avait pris domicile dans l'épicerie et dépôt du pain au village. L'épicier Bertrand fervent admirateur des chats l'avait accueilli avec fanfare et caresses.

Comme souvent dans les épiceries et boulangeries à l'ancienne, beaucoup de clandestins ont également pris domicile à l'arrière boutique, logique, parce que les souris et autres rongeurs trouvaient largement de quoi remplir leur ventre. Tout était en rose pour la vie de ses rongeurs clandestins jusqu'à l'arrivée de Matoufix. Superbe matou de belle taille et agile comme un félin peut l'être. Désormais les souris ne pouvaient plus se déplacer tranquillement sans courir le risque de se faire dévorer.

Aussi l'ancêtre et chef des rongeurs, une vieille souris mais encore de belle envergure, convoqua tout le monde en réunion par SMS, pour ne pas provoquer de danger par les déplacements de chacun.

Après plusieurs tweets et textos, ils étaient tous d'accord pour dire qu'il fallait se débarrasser du chat. Sauf que personne n'avait la solution de quelle

manière procéder. Les discussions allaient bon train, et à force de partager les constatations de chacun, ils étaient encore une fois tous d'accord pour dire qu'un chat se déplace en principe sans faire de bruit. Le grand problème était bien là ! On se faisait bouffer sans le savoir ! Ou bien trop tard !
L'une des souris proposa de mettre une cloche autour du cou du chat. Mais aucun rongeur ne se voyait volontaire pour s'acquitter de la tache.
La compagne du chef souris, déjà plusieurs fois grand-mère, spécialiste des chats matous, cervelle de son compagnon de chef, caractère fort, parce que déjà plusieurs fois attrapée par le chat, puis libérée par la pertinence de ses paroles et de ses actes, proposa alors une stratégie.
Il suffisait que l'ensemble de la population parte en vacances chez leurs cousins souris du fermier Grand Joseph. Il a un chien tellement méchant, qu'aucun chat ne veut rester chez le fermier.
- Mais on ne pourrait plus revenir chez nous ? demanda son compagnon de chef.
- Justement, c'est là mon plan. Un matou qui ne fait plus rien, parce que il n'y a plus de souris, dormira le plus de son temps, pour le reste il mange, mange et mange encore des croquettes et autres pâtés. Il deviendra gras, gros et incompétent. Il sera lourd comme un cochon et lent comme un escargot. Il nous laissera tranquille.
C'est ainsi que les souris décidèrent de partir vers le Grand Joseph pour trouver les cousins avec leurs sources de nourriture dans un pays sans chat.
Quant à Matoufix, il a bien grossi depuis qu'il se nourrit avec des croquettes et de la pâtée piquée dans les friandises. Et comme il n'avait plus grand chose à faire, il dormait presque tout le temps.

Puis plus tard, toute la famille et les alliés du grand chef avec sa compagne sont retournés chez l'épicier Bertrand. Le chat était allongé comme une pièce de musée. Il faisait désormais du lard.
Les souris satisfaites de leur stratège se sont mises à table pour un festin mémorable et copieux.


## Loulou

C'est que tu m'observes
Ton pif me frotte la vérité
Avec ton air de liberté
C'est que tu m'observes
Couché sur tes pattes
Avec tes puces que tu grattes
C'est que tu m'observes
Mon ami, de ton œil éclairé
Et moi le cœur serré
C'est que tu m'observes
Je le vois bien mon ami
Même si je n'ai pas tout dit
C'est que tu m'observes
Comme t'es couché
Et les soupirs que tu pousses
C'est que tu m'observes
Toi mon chien
Toi et moi, c'est simplement bien

## Choppe-moi

C'était encore à peine le printemps. Une chevrette en pleine crise d'ado décida de partir pour découvrir seule le monde.
Comme elle n'avait rien dit à sa famille, rapidement son absence se remarqua et agrandissait l'angoisse de sa famille.
Le bouc et père de la petite se permettait même d'engueuler sa chèvre (la maman) :
- Qu'est-ce-que t'as foutu ? Tu peux pas faire plus attention à tes gosses ? Puis il ajouta : T'es pas la seule chèvre dans ce troupeau, toi tu as deux petits et moi, je suis le père de trente-huit chevreaux et chevrettes
Mais toutes ces querelles n'empêchaient pas le malheur de la disparition de la chevrette.

C'est seulement après plus de dix jours que la petite revint dans le troupeau.
- Salut ! mèla-t-elle. Je suis de retour !
Elle était visiblement très fatiguée.
- Mais où tu as traînée tous ces temps ? Comment tu peux partir te promener sans rien dire ? Et où tu étais tout ce temps ? Nous étions morts d'angoisse !

- J'ai voulu voir le monde à ma façon !
- Et t'as vu quelque chose ? ajouta le bouc, quand même un peu intéressé par les aventures de sa fille.
- Et comment ! répondit la chevrette,
- J'ai vu un loup !
- Un loup ? T'es folle ou quoi ? Tu racontes des conneries, une chevrette qui rencontre un loup n'en sort pas vivant !
Le bouc la regardait droit dans les yeux,
- T'as vu peut-être un loup en cage ?
- Rien du tout ! Je lui ai même parlé. Dans la forêt, toute seule !
Les autres chèvres s'approchaient autour de la petite.
- Une petite chèvre comme ça, encore une chevrette, toute seule dans le bois avec un loup ? C'est incroyable ! se disaient elles en cœur.
- Et il n'a rien fait ? Demandait sa mère, Un loup est très dangereux pour une chevrette bien tendre comme toi !
- Oui je le sais, d'ailleurs il m'a dit qu'il allait me manger.
Toutes les chèvres autour, et même les jeunes boucs cessaient de mastiquer les feuilles et les herbes pour mieux digérer. C'est tout de même un miracle ! Un loup qui dit qu'il a envie de manger la chevrette devant lui, et la chevrette peut tranquillement raconter l'histoire après !
- Alors pourquoi il t'a pas mangée ? demandait une de ses tantes.
- Tu nous dis des histoires. T'as vraiment de l'imagination en trop ! Ajouta une autre.
- Je vous assure que c'est la vérité, mon histoire. Je lui ai simplement dit que j'étais trop maigre pour que je sois digne d'être son repas.
- Et alors ?

- Je lui ai dit d'attendre un peu, quelques semaines ou un peu plus. Puis il pourra juger lui-même que je suis mieux en chair.
- Alors ton loup était bien stupide !
- Mais oui, C'est moi qui suis intelligente.
- Et tu es partie comme ça ?
- Oui, il me demanda juste mon nom. Je lui ai dit que je m'appelle Choppe-moi. Et puis je suis revenu parmi vous.

Pendant quelques semaines le troupeau, et bien au-delà parlait encore de cette incroyable histoire de la chevrette et du loup.

L'automne venu, Il n'y avait plus aucune chèvre pour parler de cette aventure. Même le bouc n'y pensait plus.

Alors un jour en octobre, le troupeau broutant les dernières feuilles vertes, un loup essaya de s'y faufiler.

Paniquées, les chèvres formaient vite un cercle en gardant au milieu les jeunes. Le bouc s'était mis en première ligne, ses cornes en position d'attaque.

Le loup hurlait :
- Où es-tu la petite ? Où est Choppe-moi ?

Mais à la vue de toutes ces chèvres et du bouc avec leurs cornes en ordre de bataille, il n'osait pas trop s'approcher.

C'est à ce moment qu'une petite voix se fit entendre au milieu du troupeau :
- T'as pas oublié, mais t'es bien stupide monsieur le Loup, mais tu n'as pas capté la signification de mon nom ! Alors viens me chopper si t'as le courage !

Devant ce bataillon de cornes bien affûtées, le loup partit la queue entre les pattes. Il avait honte de lui-même. Se faire avoir par une chevrette ! Quand même !

# Carnet

Ce matin j'ai regardé autour de moi,
Aveugle de ne pas comprendre ce que je vois,
Les images d'irréalité certaine.
La vérité d'être, vérité en chaîne.

La poussière s'envole à basse altitude,
La brise comme un prélude,
Portant la nuit et la lumière.
Dans un vaisseau, navigant au son d'une prière.

Mouvements incompris, libertés dérisoires,
Entassées dans les profonds de mes mémoires.
Mémoires défaites, mémoires refaites,
Éparpillées, envolées en miettes.

Carnet de vie, carnet d'écritures,
Carnet d'envie, carnet de murmures,
Carnet de vie, carnet des bruits,
Carnet d'envie, je n'ai rien dit.

Trois cents soixante cinq jours dans une année,
Un long chemin au parcours parfois abîmé.
Pour revenir inlassablement au premier jour,
Au début de mes pas pour un nouveau tour.

Carnet de vie, carnet d'écritures,
Carnet d'envie, carnet de murmures,
Carnet de vie, carnet des bruits,
Carnet d'envie, je n'ai rien dit.

Ou bien labourer ses champs de vie,
Éliminant les épines de ce qu'on a trop dit.
Mieux être rebelle et bouger sous influence
D'une vie si belle et en profonde vibrance,
Portant l'amitié, l'amour et autres sentiments,
Forçant la folie des êtres en contre sens.

## Yaka VIII

L'homme devient intéressant
quand il commence à réfléchir.
*
Trois grands éléments essentiels au bonheur dans la
vie, c'est d'avoir à faire quelque chose, puis quelque
chose à aimer et quelque chose à espérer.
*
L'état est une institution où un grand nombre
cherche à vivre au frais de l'autre
*

## Comme des moutons

C'est ce jour même,
Au fond du jardin en matinée,
Que j'ai écouté parler les cloches
Des paroles d'un autre temps.

Les graines qu'on jeta comme des dés
Au hasard de mes proches
En riant d'être si drôles.

Savoir lire d'un regard, d'un geste
Fugitif, perçant de haine
Pour ne dire que du bien
De tout ce que je déteste.

Il n'y a pas de fin
A l'aboutissement des peines
Qui ont étourdi les miens.

Les cris se sont vagués,
Dans l'outre raison
Pour tracer leur territoire
Et ne plus savoir rire.

Traqués comme des moutons
Au chemin de l'abattoir
Pleurant de ne pouvoir rien dire.

## Matière à croire

Cramponne-toi, c'est devant
Alimente ton espoir, ça carbure
Accroche-toi bien dans les virages
Tes rêves en mirages
n'ont aucune chance à l'usure
Être borné, immature, sourd et aveugle
Excuses pour ne rien voir
Au son qui beugle, sans espoir
C'est comme ça la charrette
Qui nous emporte
Loin de notre réalité
Est tout ce que je souhaite
Que j'aimerai connaître
La liberté est si forte
Que la sonnerie de son existence
Nous rend la vie forte
S'il y a la matière à croire.

## Yaka IX

L'amour transforme un lit étroit en lit large.
La vie sans rêves est comme un jardin sans fleurs.

# L'ami

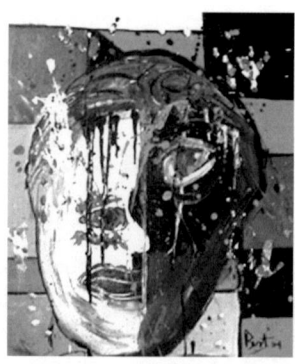

Il était assis loin de lui
Il était assis
Personne n'a jamais dit
De rester assis loin de lui
Alors il se mit débout
Pour aller je ne sais pas où
Il a marché, errant presque nu
Personne n'a jamais dit
Pourquoi on vit ici
A nouveau il s'est assis
Regarder les gens
Il n'a même pas dit
Que lui ne savait pas non plus
Loin de ces gens, là où il vit
Le ciel se mouche
Éternue en tonnerre
Le soleil se couche
Avec douceur dans la terre
Personne ne l'a vu
De près, mais ils l'ont cru
Les mystères font légende

Il reste assis pour attendre
La main d'un ami
Guide dans sa vie
Pour qu'il marche à nouveau
Peut-être même sur l'eau.

## Yaka X

La lumière n'éclaire pas toujours.
Surtout avec les yeux fermés.
\*
La croyance est une science divine,
Quand on y pense, les questions se profilent.
\*
Ton corps tiendra le coup :
Tu le garderas toute ta vie.
\*
Chaque être a ses folies.
C'est souvent le plus intéressant de ses qualités.
\*
Une question de bon sens est la moitié de la sagesse.
\*
Il faut deux ans pour apprendre à parler, toute une vie ne suffit pas pour apprendre à se taire.
\*
L'éducation à des racines souvent amères.
Les fruits sont sucrés.
\*
La démocratie se discute souvent entre les politiques.
C'est comme une prostituée qui discute l'amour.
\*

## Même à l'étage supérieur

Jean, Jacques et Marcel ont eu la mauvaise idée de mourir en même temps à la seconde près.
Aussi ils se présentent en concert devant le guichet de l'administration de Saint Pierre pour l'accès au Paradis.
Le préposé en service, moine de son vivant, demande de se présenter immédiatement chez l'un des mandataires de Saint Pierre, un ancien prédicateur américain et exploitant les temples des nantis héréditaires.
- Messieurs, dit-il, je suis vraiment désolé, mais actuellement le Paradis est en renouvellement, donc les places sont réduites. Seul un candidat peut être accepté. Les deux autres doivent attendre dans la salle de transit.
Il est évident que Jean, Jacques et Marcel sont déçus. Déjà ils se regardent l'un et l'autre comme pour jauger qui va être l'élu à entrer direct dans cette éternité paisible.
- Messieurs, reprend l'ancien prédicateur, C'est à moi de choisir le gagnant. Je dis bien le gagnant, parce que je vais vous demander un conseil. Le candidat avec la meilleure réponse aura gagné !
- Qu'est ce que nous devons conseiller ? demande le trio en chœur.
- Supposons que les arbres dans le jardin du paradis méritent d'être élagués. Et principalement les pommiers. Comment je vais m'organiser ?
Le trio réfléchit chacun de son coté et bientôt Jean se présente à nouveau dans le bureau du mandataire :
- Pour trois mille euros je peux le faire moi-même.

- Et comment tu procèdes ?
- C'est simple, mille euros pour la location de matériel, mille euros pour les salaires et mille euros pour mon bénéfice.
- C'est un bon plan, mon ami. Merci à toi. Je vais attendre les deux autres pour prendre ma décision.
Jean sort du bureau et Jacques entre.
- Alors mon ami, demande l'ancien templier des nantis, que me proposes-tu ?
- C'est simple, pour sept cent cinquante euros je peux réaliser le tout !
- Waouw, jubile l'ancien pasteur, et comment tu vas faire ?
- Simple ! deux cent cinquante euros pour les matériaux, puis la même somme pour les salaires et le reste pour mon bénéfice.
- Merci, Jacques, je pense que c'est un excellent conseil. Tu fermes la porte derrière toi, et tu appelles Marcel.
- Marcel toque à la porte, attend tranquillement le signal pour entrer.
- Entrez !
- Mes respects monsieur le Président Directeur Général, moi aussi, j'ai l'honneur de vous apporter mon conseil. Un conseil très confidentiel.
- O la la ! Je suis très curieux ! dites moi tout !
- Le chantier vous coûtera seulement quatre mille sept cent cinquante euros.
- Quand même ! et comment tu procèdes ?
- Je prends quatre mille euros et je vous donne la moitié, soit deux mille euros, et je confie pour sept cent cinquante euros le travail à Jacques.
Sur ce, Le prédicateur américain se leva, et fait le geste de bienvenue,
- Je te prie, mon cher Marcel, entrez je vous prie …

## En ville

Une famille de la France profonde est pour la première fois dans la grande ville.
C'est ainsi que les parents et leurs fils et fille sont en visite dans une grande galerie marchande.
Époustouflés par ce qu'ils voient et surtout un mur qui s'ouvre et se ferme.
Le garçon demanda :
- Papa, qu'est-ce que c'est ?
Le père, qui n'avait jamais vu un ascenseur, répond :
- Je ne sais pas mon garçon, je n'ai jamais rien vu de tel.
Tandis que le père et le fils regardent les yeux étonnés, une vieille dame s'approche, appuie sur le bouton au mur, et sort par l'ouverture dans le mur.
Le mur se referme et un tableau lumineux commence à indiquer des chiffres en s'arrêtant au chiffre 5. Puis après quelques secondes le 4, puis le 3 pour arriver à nouveau à 0.
Le mur s'ouvre à nouveau et une jolie jeune fille sort du mur.
Le père, fort impressionné et presque sans voix, s'écrie :
- Mon garçon, vite va chercher ta mère !

## Yaka XI

Une poule en cocotte n'a rien à voir avec une poulette, comme une poulette n'a rien à voir avec une gendarmette.

## Mauvais souvenir ..

Un homme fait des courses dans un supermarché. Il remarque une fort jolie femme qui l'observe avec une certain insistance.
Intrigué, l'homme s'approche et lui demande :
- Excusez-moi, Madame, mais est-ce que nous nous connaissons?
- Je pense, réponds la dame, que vous êtes peut-être le père d'un de mes enfants.
L'homme étonné, réfléchit vite et se demande si l'enfant pouvait être la suite d'une seule fois où il a trompé sa femme.
- Alors es-tu cette strip-teaseuse qui est venue donner son spectacle il y a 6 ou 7 ans chez un ami qui enterrait sa vie de célibataire ?
Rappelle-toi, nous avons été très proche pendant que ta copine me tapait sur les fesses pour me stimuler le sang. Tu veux pas me dire que ….

La jolie dame caméléonne la couleur de son visage, et balbutie :
- Non, je suis institutrice, et je pense que votre fils est dans ma classe....

## Yaka XII

Parfois tu payes plus pour les gratuits.
Il suffit de prendre une loupe pour lire.

## Sans titre

Le propriétaire d'une boutique de Xtoys doit s'absenter quelques instants. Il s'adresse à son apprenti-vendeur :
- Je dois m'absenter une petite demi-heure. Tu crois que tu peux t'en sortir tout seul ?
- Pas de problèmes, patron. Soyez tranquille !

Quelques instants plus tard une jolie blonde se présente devant le comptoir :
- Combien je dois payer pour ce vibrateur noir ?
- 24 euros m'dam
- Et le blanc ?
- Même prix, m'dam, 24 euros.

La jolie blonde regarde un peu autour d'elle et remarque un objet sur l'étagère derrière le comptoir.
- Et combien pour l'exemplaire en couleur inox ?
- Ah ... m'dam. C'est un exemplaire unique. 185 euros.
La blonde réfléchit quelques instants et décide de faire l'achat.

Après environ trente minutes le patron revient et demande si tout est bien.
- Superbe ! réponds son vendeur, J'ai vendu votre thermos pour 185 euros !

## C'est arrivé !

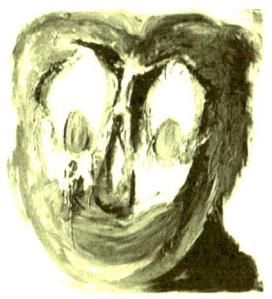

C'était une belle journée ensoleillée quand je suis tombé sur un vieil ami que je n'avais plus vu depuis une éternité.
Après l'observation mutuelle, les tapes sur l'épaule, les bisous sur des joues mal rasées, nous constatons l'extrême coïncidence de notre nouvelle rencontre.
La discussion allait bon train, et alléluia, vive le destin et le hasard de la vie.
Pourtant, rapidement nous constatons que nous habitons à quelques pâtés de maisons, à peine 10 minutes à pied. Que nous fréquentons le même supermarché, mais rarement le même jour.
Nous avons le même âge, et tous deux nous aimons le foot et le rugby. Mais nous avons chacun notre télé.
Nous vivons chacun en couple. Mais lui avec son ami, moi avec ma femme.
Le hasard de notre rencontre, est-ce que c'est vraiment une coïncidence ?
Après deux heures de discussion, nous avons rattrapé le retard de quelques dizaines d'années. Nous jurons que nous resterons des vrais amis pour toute une vie, comme il y quarante années.
Nous nous promettons de nous revoir rapidement

pour présenter nos partenaires de vie. Peut-être même un barbecue ?
Oui, c'est promis je te téléphone.

Aujourd'hui nous avons deux années de plus sur notre compteur. Lui, comme moi, avons oublié de noter le numéro de nos portables. Le bottin s'occupe principalement des numéros de téléphone fixe.
Nous sommes modernes, dans le vent de nos temps. Nous n'avons plus de fixe. Nous sommes des 06 ...
Je suis certain, que lui, comme moi, nous attendons l'extrême coïncidence d'une nouvelle rencontre. Et comme tout se raconte en moins de deux heures pour quarante années, j'espère que nous aurons le temps d'échanger notre 06.

## Yaka XIII

Être complice pour une soirée, est une amitié limitée dans le temps.
*
Je ne sais pas quelles armes seront utilisées pendant la troisième guerre mondiale, par contre je sais, si il y en a une quatrième, on se battra avec des bâtons, des pierres et à défaut aux coups de poing.
*
T'as deux oreilles et seulement une bouche.
Pourtant tu n'arrives pas à écouter deux fois plus que tu ne parles.
*
La pauvreté est la mère de la révolution.
*

## La Brume

Ne t'écoute pas dans la brume,
N'écoute pas les cris de misère.
Les flots de larmes en écume,
S'étouffant pour se taire.
Des lèvres chuchotant en murmure,
De ne pas pouvoir quoi dire.
Face à ceux qui en ont cure,
Que tu n'as pas assez d'encre pour écrire.
Les flots de mots se mélangent
Aux larmes sans bruit,
Les rêves fous se changent
En effroyables ennuis.
Écoute les paroles de la vie,
Écoute l'éclat de son regard,
Le silence de ses cris,
L'amour sans fard.
La traque reviendra en liberté,
Bercée au déplaisir des jaillissements,
Des dépouillements d'Antée,
Par Héraclès au gré des vents.

## Yaka XIV

Comment tu peux avoir la pensée droite dans un crâne rond ?
\*
Les mensonges font qu'on ne croit plus à la vérité.
\*
L'eau trouble au repos se transforme en eau claire.

# Colère

Il était une fois un garçon ne sachant pas toujours maîtriser sa colère.
Son père, dans sa sagesse, lui montra une clôture en bois, donna une boîte de clous et un marteau, lui dit que chaque fois qu'il perd son sang-froid, de planter un clou dans la clôture.
Le premier jour, le garçon enfonça pas moins de trente clous.
Au cours des prochaines semaines, comme il faisait l'effort de contrôler sa colère, il planta de moins en moins de clous.
La clôture était faite de bois dur. Probablement du chêne. C'était franchement difficile d'y enfoncer un clou.
Il se rendait compte que maîtriser sa colère avec un peu d'effort était plus facile.

Puis un jour, le garçon était devenu un jeune homme

sage, aussi il dit à son père qu'il n'avait plus besoin de taper avec son marteau sur des clous entrant avec grand peine dans la clôture.
Le père le félicitait et lui donna une pince pour enlever chaque clou de la clôture.
C'était bien difficile, mais après quelques jours il pouvait dire à son père que la mission était accomplie.
- Tu as bien fait, mon fils, mais regarde tous ces trous dans la clôture. Tu peux même voir la lumière à travers. La clôture ne sera plus jamais la même. C'est comme des paroles et insultes que tu peux dire en colère. C'est comme tu poignardes quelqu'un avec un couteau, peu importe combien de fois tu dis que tu es désolé, la blessure restera.

## Exposé

Petit Paul est convoqué chez l'instit.
- Ton exposé sur ton chien est exactement le même que celui de ton frère il y deux ans !
- C'est normal M'sieur, nous avons le même chien !

# L'internat

Samuel était triste. C'était le jour de l'entrée en classe CM 1. Cette année sa mère avait décidé de le mettre en internat. Elle s'occupait seule de son fils, puisque le père était parti définitivement voir ailleurs.

Samuel n'avait pas envie d'aller en internat, mais maman travaillait à des heures variées comme caissière dans une supermarché. Le salaire ainsi gagné ne permettait pas de payer la nounou. L'internat était pris en charge par des dons et autres mécènes.
Plus tard, il avait compris qu'elle avait autant de peine comme lui. Il y avait une lueur particulière dans ses yeux : elle pleurait sans bruit, tout en douceur.

La vie de Samuel allait changer radicalement en entrant dans cet endroit horrible. C'était un bâtiment d'aspect maladif imposant dont l'image horrible le hante encore à ce jour. A l'intérieur, c'était austère, aride. Son seul mobilier était le sourire diablement espiègle fixé sur le visage de l'homme qui s'était approché dès que Samuel et sa mère franchissaient la porte.

- Bonjour, dit il et il tendit sa main à ma mère, mon nom est Arthur Hilter. Je suis l'enseignant principal de votre fils.
Il caressait furtivement la chevelure de Samuel et lui disait avec un faux sourire :
- Nous avons une femme de service ici qui sait couper les cheveux. Je crois qu'ils sont un peu longs. Nous aimons bien l'uniformité ici.

Samuel ne comprenait rien, pourquoi sa mère ne disait rien ? Elle l'avait dit hier encore qu'elle aimait beaucoup sa chevelure avec ses belles boucles. D'ailleurs à part sa mère, personne n'avait le droit de les toucher.

- Maman, s'il te plaît, je veux rentrer chez moi, supplia le petit garçon avec la voix cassée par les émotions.

Monsieur Hilter sourit, et se mit à genoux devant lui pour être à son niveau. Il attrapa ses épaules dans un élan comme un geste rassurant :
- Et moi je pense que tu te plairas ici. Tu travailles bien, tu écoutes ce qu'on te dit et tout ira bien pour toi.
Samuel ne répondait pas, il était complètement terrifié.
Il tourna la tête vers sa mère et supplia encore une fois :

- Maman, partons maintenant, je ne veux pas rester ici ! Il essayait de se tourner vers la porte, mais Monsieur Hilter n'avait pas renoncé à son emprise sur ses épaules. Sa mère se pencha et l'embrassa tendrement sur le front, lissa ses cheveux et souriait faiblement.
- Au revoir, mon fils, je viendrai te rechercher vendredi soir.

Elle se leva et se dirigea vers la porte. Elle ne regardait pas en arrière. Elle l'avait laissé là-bas avec ce type et pendant un moment, la pensée entra dans son esprit qu'il ne pourrait plus jamais la revoir.
Monsieur Hilter l'avait pris par le bras.
- Maintenant, nous allons voir les camarades de classe.
Ils entraient dans une grande chambre. Il y avait un peu plus de quarante enfants là-dedans, chacun d'entre eux était devenu instantanément sobre en voyant Monsieur Hilter.
- Je vous présente Samuel, le dernier entré de ce matin. Désormais, vous faites tous partie de la classe Hilter. Pourquoi Hilter ? C'est simple, c'est mon nom. Vous pouvez m'appeler Maître ou Monsieur Hilter.
Il joignit ses mains, pour créer un effet solennel et leur dit de le suivre avec un cahier et la plume pour faire des exercices d'écriture.
Résignés à leur sort, la classe migrait docilement derrière Monsieur Hilter vers le local de la classe. Désireux de s'éloigner de Monsieur Hilter le plus possible, Samuel s'installa au fond de la classe à côté d'un garçon qui s'appelait Pierre.
- Il nous fait travailler comme des chiens, confiait Pierre. Ça fait un an que je suis ici. Je suis épuisé.

Monsieur Hilter s'arrêta devant Samuel et Pierre et tapa fortement avec sa règle en bois sur leur banc :
- Je n'ai pas permis de parler ! Donc silence. Prenez tous votre plume et votre cahier. Vous allez copier ce que je vais écrire sur le tableau.
Samuel sanglotait :
- Je veux ma maman ... "
- Ne dis pas ça! Murmura Pierre, le saisissant par le bras. Je te jure qu'on se barre d'ici. Nous allons retourner à la maison pour voir nos mamans. Ils n'ont pas le droit de nous enfermer ici !

Pendant les cinq minutes de récréation et pause pipi, Samuel demanda :
- Comment on va faire ?
- Tu vas voir, nous allons échapper à cet enfer.
- Oui, mais comment? L'ombre d'un sourire, le début d'un espoir, vacilla sur le visage de Samuel
- Comment ? C'est simple. Tu vois la porte ? C'est ouvert. Il suffit de courir très vite. Allons-y. maintenant sans bruit et fais-toi encore plus petit pour qu'il ne nous voit pas.
Ils glissaient furtivement vers la porte.
- Nous y sommes presque, Samuel, on va le faire!

- Où allez-vous, les gars ? Monsieur Hilter se plaçait devant les garçons.
- Nous ... . .. euh ... ils bégayaient, en pensant aussi vite qu'ils le pouvaient.
- Je vais faire pipi. Répondait Samuel. Pierre me montre où sont les toilettes.
- Tu peux aller au w.c., mais t'as pas besoin de Pierre. Je vais t'accompagner moi-même.
Docilement, Pierre, la tête penchée, prenait son chemin vers les fosses de l'enfer avec les codétenus.

Lorsque Monsieur Hilter et Samuel arrivèrent à la salle de bain, le garçon zippa la fermeture de sa braguette, debout devant l'urinoir. C'était la première fois qu'il faisait pipi debout devant un urinoir. Il n'avait pas encore appris à viser, aspergeant copieusement les murs à côté de l'urinoir.
- Monsieur Hitler, je suis désolé ...
- Hilter. Je m'appelle Monsieur Hilter ! H.I.L.T.E.R. !! Souviens-toi de ça !
- Monsieur Hilter, combien de temps je dois rester ici ?
- Eh bien, ça dépend. Quelle quantité de jus as-tu bu ce matin ?
- Non, je veux dire combien de temps je dois rester dans cette école ?
- Pourquoi cette question ? Toute l'année, bien sûr, sourit Monsieur Hilter malicieusement, chaque jour sera tout aussi amusant que cette journée.
Samuel retrouva Pierre et lui déclara solennellement :
- Nous allons mourir ici, Pierre. Tout espoir est perdu. Nous ne reverrons jamais nos mamans. C'est notre destin. La fatalité.
Mais quelle surprise, Samuel regarda avec stupeur le visage de son ami avec un sourire de joue en joue ...
- Maman ! cria Pierre, t'es revenu me chercher ?
Samuel se retourna vers la porte, et l'image même d'une déesse apparut. C'était la mère de Pierre, la tête de son fils enfouie dans son ventre et les bras autour de sa taille. Et, juste derrière elle ...
- Maman ! Samuel se jeta dans les bras de sa mère aussi vite qu'il pouvait et murmura tendrement je t'aime maman, je t'aime, je t'aime, je t'aime, ne me quitte plus jamais !

- Tu sais que je ne ferais jamais ça, disait-elle le tenant fermement apaisant ses angoisses.
- Ce soir, je suis venu te chercher parce que j'ai fini plus tôt avec mon travail. La maman de Pierre aussi. Nous travaillons toutes les deux dans le même supermarché.
Sa mère l'avait livré au diable lui-même, et il ne voudrait plus jamais revenir dans les griffes de Hilter..
Monsieur Hilter se dirigea vers eux et avec une fausse bonhomie :
- Alors, en même temps demain ?

Ce soir-là Samuel raconta à sa mère que Monsieur Hilter s'était fâché quand il se trompait en l'appelant Hitler.
- Je ne comprends pas maman, pourquoi il se fâche pour ça.
En réponse, sa mère décida de raconter la vie de Adolf Hitler.
Après environ une heure, la bouche sèche et un crépitement dans le son de sa voix, il demanda à sa mère :
- Sommes-nous d'origine autrichienne ?
- Non, mon garçon, nous ne sommes pas autrichiens
Heureux, mais insatisfait, il poussa plus loin :
- Alors nous sommes tchécoslovaques ?
- Mais non ...
Il soupirait de soulagement, mais ce n'était pas encore assez :
- Ou polonais peut être ?
- Non.
- Russe ?
- Mais non. Ne te fais pas de soucis !
Il essuyait la sueur de son front.

- J'ai compris, nous sommes juifs !!

Le lendemain Il ne protesta plus pour retourner à l'école en internat. Il se sentait fort. C'était comme il se sentait investi d'une mission.

## Purge

Folies, lumières, désirs
Être poli et rebelle, parler pour ne rien dire
Cervelles en bataille, dérangées et emportées
Tricoter maille par maille, vivre en initié
Savoir et recevoir,
Sur les chemins à tendance ironique
Matraquage avec un soupçon d'amertume
Comptable des comptes insensés
Plonger dans les fables des vérités inversées
Calculs en dictature anéantissent l'innocence
Au fin fond de désespoir
Paroles allouées, nuages pollués
Claironnant dans un film noir
Fausses notes en expressions
Transformées en détergeant
Raclant propre aux profits des bienséants
Mots-insultes et autres agressions en masse
Alors, bienvenue au purgatoire
Mettez-vous à l'aise, allez-vous asseoir
Attendre la fin de la messe du néant en kermesse

## Une belle soirée

Deux lapins et un hérisson profitent d'une belle soirée et sont assis au bord de la route.
- C'est quand même injuste, dit le hérisson c'est toujours nous qui se font écraser sur la route. Je n'ai jamais vu de lapin aplati.
- Je vais te l'expliquer, répond le lapin. C'est que nous avons une bonne méthode. Quand nous traversons la route et que nous voyons approcher les deux phares d'une voiture, on s'arrête et on s'assoit au milieu. On baisse la tête puis la voiture passe sans nous toucher. Facile !
- Vraiment ?
- Oui vraiment, d'ailleurs je vais te le montrer.
Aussi vite dit, aussi vite fait. Justement une voiture avec ses deux phares bien allumés est en approche. Le lapin court vite vers le milieu entre les lumière des deux phares.
La voiture passe et le lapin sort indemne.
- Tu vois ? C'est fastoche !
- Waoow, crie le hérisson, la classe ! Je vais l'essayer aussi !
Une autre voiture arrive, et le hérisson se met en position comme le lapin. Il baisse la tête et ...... Se fait aplatir comme une feuille.
Le Lapin se lève et dit à l'autre lapin :
- Ça ne se voit plus souvent, un tricycle !

## Mafia

Le parrain de la mafia découvre que son comptable l'arnaque de 10 millions d'euros.

Le comptable est sourd. C'était l'une des principales raisons pour lesquelles il avait obtenu le poste, car il ne serait jamais en mesure de répéter ce qu'on disait.

L'avocat et conseiller du parrain savait s'exprimer en langue des signes.

Le parrain lui demande d'interroger le comptable pour savoir où il avait planqué l'argent.

L'avocat s'exécute et fait des signes au comptable.

Le parrain : - Qu'est ce qu'il dit ?

L'avocat : - Il dit qu'il ne sait pas de quoi vous parlez !

Le parrain sort un pistolet, plante le canon contre la tempe du comptable et dit à l'avocat :

- Demande-lui de nouveau. Maintenant.

L'avocat signe au comptable :

- Il va te tuer si tu ne dis pas où est l'argent !

Le comptable signe avec un soupir :

OK, OK, je l'avoue, l'argent est dans une valise noire, dans le garage de mon neveu.

Le parrain impatient :

- Eh bien, qu'est ce qu'il a répondu ?

- L'avocat :

Il dit que vous n'oseriez jamais tirer !!

# Le fric, mode d'emploi

*Socialisme :*
T'as deux vaches, tu donnes une vache à ton voisin parce qu'il n'a pas de vache.
*Communisme :*
T'as deux vaches, le gouvernement prend les deux, t'as le droit de les traire et tu reçois un petit peu de lait.
*Fascisme :*
T'as deux vaches, le gouvernement prend les deux, t'as le devoir de les traire, et tu ne reçois rien.
*Bureaucratie :*
T'as deux vaches, le gouvernement en prend une, la tue, puis trait l'autre pour te vendre le lait.
*Capitalisme classique :*
T'as deux vaches, tu changes l'une d'elles contre un taureau, t'en fait l'élevage, tu auras beaucoup de vaches, et tu deviens rentier.
*Traders style :*
T'as deux vaches, tu vends trois vaches à une filiale de ta propre société en Corée du Sud.
Tu utilises le crédit que ta belle-sœur a obtenu à la Banque de Crédit. Puis tu fais un troc avec une entreprise Américaine pour avoir quatre vaches, pour te les offrir.
Manière d'avoir des impôts en forte baisse. Les subventions que l'Europe te verse pour tes six vaches te permettent d'investir par l'intermédiaire de ta filiale et un homme de paille en Corée du Sud.
Dans ton rapport annuel tu déclares huit vaches et une option pour la neuvième. Tu vends douze vaches à un élevage Chinois, tu encaisses les subventions de

l'état à l'export.
Tu fous le camp, avant qu'on ne remarque que l'étable est vide.
*Américain style :*
T'as deux vaches, t'en vends une, et tu forces l'autre à donner du lait pour quatre.
*Style Français :*
T'as deux vaches, t'es persuadé que t'as les deux vaches les plus belles, intelligentes et productives du monde.
*Style Suisse :*
T'as mille vaches. Mais elle ne sont pas à toi. Elles appartiennent aux étrangers. Tu as juste le droit de les garder moyennant un pourcentage de lait. Sauf la vache mauve.
*Selon les Hindous :*
T'as deux vaches et tu pries et tu restes pauvre.


## Se cacher ...

Sur les pointes de pieds
J'accours pour t'approcher
T'écouter, te parler
Ne rien pouvoir te dire.
Te voir mes yeux fermés.

Si seulement j'étais une petite poussière,
J'irai pas bredouille,
Pour mieux me cacher
Dans le paisible estuaire
De la divinité de ton corps.

## Le lion, l'oiseau et l'âne

Un jour, il y a bien des années, c'était l'anniversaire du Roi Lion. Tous les oiseaux et les animaux se pavanaient du mieux qu'ils le pouvaient. C'était la fête et chacun voulait lui offrir un cadeau.
Le roi en remerciant son peuple avait organisé un grand cocktail dînatoire. Une chorale d'oiseaux chantait à pleins poumons les derniers tubes à la gloire de leur souverain.
Tous étaient présents car ils ne veulent et ne peuvent pas offenser le Lion. Tout le monde chanta "Happy birthday to you-ou-ou …" Le Lion souffla les bougies et coupa lui-même dans sa bonté légendaire le gâteau en quelques coups de griffes.
Il regarda avec fierté et satisfaction ses sujets heureux de partager un bout de gâteau avec lui. Mais, et certains l'ont remarqué, surtout les singes hurleurs, journalistes du royaume que le Roi obscurcit son regard. En effet, il manquait l'âne et sa grande copine Tweet-Tweet l'oiseau. Il demanda aux autres, mais personne n'avait vu l'âne et encore moins la Tweet-Tweet. Le lendemain, le lion convoqua l'âne et sa copine, il leur demanda pourquoi ils n'étaient pas venus à l'invitation de leur roi.
L'âne lui répondit :
Oh! Je n'aime pas assister à des cocktails. Il n'y a pas de place comme à la maison. Je suis donc resté chez moi, c'était plus commode. Tweet-Tweet a préféré rester avec moi pour finir ma séance d'élimination de puces. Elle aime bien les puces.

D'ailleurs, le gâteau est toujours partagé par les

grandes gueules. Moi, personnellement, je préfère les biscuits de l'herbe. Le Lion, vexé répondit à l'âne et l'oiseau que c'était une insulte à son égard, On ne refuse pas une invitation de son roi.

C'est ainsi que dans la colère, il bannit l'âne et l'oiseau de la jungle, en leur disant qu'il avait de la chance que son estomac fut plein. Sinon ils seraient transformés pour figurer à son menu quotidien.

L'âne et l'oiseau partirent têtes basses, vers les humains. Depuis lors, l'âne a vécu avec eux et portaient leurs charges et parfois même leur poids.

Il finissait sa vie en saucisson l'âne, bien sec et poivré.

Quand à l'oiseau, on l'a mis en cage pour que son chant égaye la vie des hommes.

La liberté de penser n'est pas toujours bonne à dire.

## Dans tes bras

Ce matin même, devant ce foutu foutoir
Loin des bruits et des folies,
J'avais envie de m'asseoir,
Pour te dire « je t'aime ».
Je n'ai rien dit.
Je t'ai regardé par le haut,
Je t'ai vu par le bas, je t'ai observé de côté,
J'ai vu ce qu'il faut.
Fais-je ou ne fais-je pas ?
Le pas qu'il reste à sauter
Avant de faire dodo dans tes bras.
Trace, trace, trace, enlace …

## Prosit !

Un Russe doit à la sortie de son travail, traverser tous les jours un bois assez sombre. Un jour il entend un bruit haut-perché. Pas tellement fort, mais haut-perché.
D'abord il ne juge pas utile de faire attention, mais la curiosité le guide pour quand même aller voir ce qui se passe.
Il voit alors qu'un nain de forêt est en train de se noyer dans un cour d'eau. Il se précipite et sauve le nain de la noyade certaine.
Une fois que le nain a récupéré ses esprits, il remercie chaleureusement le travailleur en lui disant :
- Tu m'as sauvé la vie ! Pour te remercier, fais un vœux et tu seras exaucé.
Le travailleur Russe réfléchit un moment et lui demande :
- Je voudrai dans l'avenir que chaque fois que je pisse, c'est de la vodka qui sort de mon engin.
- C'est fait ! répond le nain. Mais tu le sais : À consommer avec modération !

Il arrive à la maison, appelle sa femme et lui dit fou de joie :
- Ma petite femme, prends deux verres à vodka, je te paye à boire !
La femme s'exécute et l'homme sort son organe et remplit les deux verres à ras-bord.
- Mais tu fais quoi ? C'est dégueulasse !
- Mais non ! Regarde, je bois avant toi !
La femme observe son mari, puis se décide à essayer.

C'est vraiment de la vodka !
Toute la soirée, c'est la fête en beuverie et c'est bien tard qu'ils vont enfin dormir.

Le lendemain, il arrive à la maison après son travail, et dit à sa femme :
- Un verre à vodka s'il-te-plaît.
- Un seul ? Comment ça ? un seul ?
- Ma petite femme, aujourd'hui tu as le droit de boire directement à la bouteille !

## Fille en orange

C'était la brise d'un jour
L'aube en cendres
T'avais de l'amour à me revendre
Toi, fille en orange
Tu m'attendais
Faut bien que je mange
Je n'avais pas de temps à t'offrir
Comme je disais
Je t'ai parlé de contretemps
Gage à te mentir
Toi, fille en orange
Tu ne vois que des anges
Tu vois comment ils bougent
Sur des nuages rouges
Alors adieu
Je te le dis ici-bas
Loin des cieux
Que je ne reviendrai pas.

# Douleurs

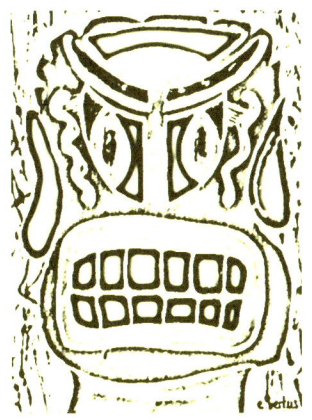

Douleurs et grimaces
Grimaces et douleurs
Douleurs tenaces
Douleurs en chaleur
Douleurs hier et aujourd'hui
Douleurs en face
Douleurs de la vie
Menaces de grimaces
Sortilèges et regards
Douleurs d'espérances
Douleurs en retard
Douleurs et créances
Douleurs en conflit
Porteurs de menaces
Douleurs en défis
Douleurs anéanties.

# Mourir

Un papillon éphémère sachant qu'il mourra à la fin de la journée, ne voulait pas qu'il meure seul et ignoré comme c'est l'usage pour les papillons éphémères.
Il décida de s'occuper toute l'unique journée de sa vie à communiquer avec les autres animaux et insectes.
Il leur dit qu'il aimerait qu'on prenne congé de lui.
Jamais les autres vivants ont pris la peine de faire l'adieu à un papillon éphémère.
Il n'y avait aucune raison que cela change pas.

Le premier arrivé c'était l'escargot.
- C'est triste que tu nous quittes aussi vite, mais sache que, où tu ailles, tu seras chez toi !
Ému par ces belles paroles, le papillon remerciait chaudement son ami l'escargot.
Toute la journée les animaux et autres insectes se suivirent pour lui exprimer leur tristesse en prévision de sa mort. Surtout que la beauté de ses ailes n'avait pas de pareil dans la contrée.
Puis vers le début de la soirée arriva le dernier

animal. Juste avant le coucher du soleil.
Le papillon commença à sentir la fatigue monter dans son corps fragile. Il commença aussi à souffrir d'absences d'esprit significatives.
Le dernier c'était une grenouille. Il voyait bien qu'il n'y avait pas de temps à perdre.
- C'est vraiment dommage, dit-il, Je te propose de soulager tes peines. Tu ne mérites pas de souffrir comme tu souffres !
- Je te remercie de tout mon cœur (le papillon était tout ému), mais comment tu penses me soulager ?
- c'est simple, répondit le grenouille, tu vois, je te propose ma langue bien dodue, tu t'installes et tu n'as plus besoin de battre tes ailes en permanence pour ne pas perdre l'équilibre.
Le grenouille sort sa langue fort longue, douce à souhait et attrapa le papillon.
La souffrance palliative du papillon était abrégée. Le grenouille avait avalé le papillon.

Sous une goutte de rosée de la matinée un papillon s'apprêtait à naître en se déshabillant de sa carapace de larve. Il regarda autour de lui et se disait :
- Je vais bientôt mourir. Il faut que j'avertisse mes amis pour se dire adieu ....

## Champs

C'était à midi
Que je me promenais
C'était bien ici que je voyais
Les champs d'au-delà
La lumière et les couleurs
Je n'ai plus peur de voyager à tout va
Sur la trace de mes espérances
Voir toutes les fleurs qui dansent
Pour ton bonheur.
Broutent des vaches l'herbe tendre
Et même l'éternelle arche renaît de ses cendres.

## Fatigue

Une prof rappelle à son amphi que le lendemain aura lieu l'examen de mécanique.
Elle leur précise qu'aucune absence ne pourra être tolérée, sans motif sérieux, du type accident, grave maladie ou décès d'un proche…

Au fond de l'auditoire, un jeune rigolo, demande alors:
- Et en cas de très grande fatigue pour activité sexuelle débordante ? Tout l'auditoire éclate de rire.
Quand le silence est enfin rétabli, la prof sourit à l'étudiant et lui répond doucement :
- Vous écrirez avec l'autre main… !!

## Astuce

Maurits est un retraité avec très peu d'argent. Veuf depuis quelques années, il vivait seul dans une petite maison de location dans un quartier minier.
Mines qui sont d'ailleurs fermées depuis belle lurette.
Maurits n'avait pas d'enfants. Il s'était contenté d'élever les enfants de sa femme conçus dans une première union. Depuis le décès de sa femme, les enfants cessèrent peu à peu de venir voir Maurits.
Les jours de Maurits se copient sur les autres jours. Rien d'exceptionnel. La monotonie totale.
Comme chaque jour, Maurits cuisait son repas quotidien, un peu de légumes de son jardin et un petit bout de viande. Surtout la viande hâchée, à cause de ses dents.

Un jour de beau temps il avait décidé de manger dehors, devant sa maison, assis sur le banc avec son assiette sur les genoux. Parfois la solitude pesait beaucoup à ces moments de repas.
Il n'y avait personne à qui causer.

Ce jour, un chien, visiblement très maigre, s'était assis devant lui, et regardait avec envie Maurits prendre son repas. Il battait péniblement sa queue pour lui dire qu'il avait faim...
Maurits le regarda, et décida de chercher une assiette pour partager son repas en deux. Le chien mangea voluptueusement en remuant encore d'avantage la queue, après avoir léché l'assiette jusqu'à plus rien,
Il se coucha au pied de Maurits et le regarda comme pour lui dire « Merci. »
Maurits lui caressa la tête et lui dit :
- Alors mon brave chien, Je me demande si tu as un nom, mais tant pis, je vais te donner un nom. Je vais t'appeler Astuce. Je trouve que cela te va bien.
Ainsi c'était plus facile de raconter des choses et d'autres, Maurits avait trouvé à qui parler.

Astuce revenait ainsi chaque soir pour partager le repas, et très souvent Maurits lui laissa la totalité de son steak hâché. C'est qu'un chien aime bien la viande !

Jusqu'à cette soirée, le chien ne vint pas, ni la soirée d'après. Maurits était triste et se demandait pourquoi ? Est-ce qu'Astuce eut un malheur ?

Le troisième jour, dans l'après-midi, un homme toqua à sa porte.
- Bonjour, dit il, je vous demande de venir avec moi, je vous invite à manger dans un grand restaurant.
- Un restaurant ? Pourquoi, je ne vous connais pas, je ne joue pas à des loteries et autres jeux de hasard. Alors je me demande avec quoi j'aurais gagné un repas dans un restaurant.

L'homme souriait :
- Vous n'avez pas partagé vos repas du soir avec un invité pendant des semaines ?
- Non, je ne me souviens pas, d'ailleurs cela m'étonnerait, parce que personne ne vient me voir.
- Alors, vous n'avez jamais partagé votre repas du soir ?
- Si, mais c'était avec un chien.
- Alors, regardez-moi bien dans les yeux, je suis ce chien !
- Ce n'est pas gentil de se moquer de moi, vous êtes un humain et pas un chien.
- Regardez-moi bien encore une fois. Je m'appelle Astuce. C'est le nom que vous m'avez donné. Je suis votre ange gardien...
- Mon ange gardien ? Ça existe vraiment ?
- Oui, ça existe, et je vais vous le prouver, venez avec moi, nous allons manger ensemble et je vous transforme en homme très riche.
- Riche ?
- Oui, très riche. Vous n'avez plus aucun soucis à vous faire jusqu'à la fin de vos jours."
Maurits se frottait les jeux, pour se réveiller. Peine perdue, il était bien réveillé, il ne dormait pas, il ne rêvait pas.
- Je veux bien aller avec vous au restaurant, mais la richesse, j'en veux pas. Je suis content de mon sort.
Astuce souriait, et prit Maurits par l'épaule.

La table du restaurant gastronomique était réservée au nom de Maurits, tout près d'une fenêtre avec vue imprenable sur le parc floral de la ville.
- Tu vois, Maurits, quand tu seras riche, tu peux voir ça tous les jours depuis ta nouvelle maison. T'auras des gens qui travaillent pour toi, pour ton bien être,

tu n'as plus besoin de faire la cuisine et la vaisselle toi-même. Même le jardin sera entretenu. Tu auras tout le temps pour contempler la beauté autour de toi..!

Le repas était succulent. La grande classe. De l'art culinaire ! Maurits était enfin séduit par tant de délicatesse. En plus, les paroles d' Astuce lui caressaient le cœur et les raisons.
Ce n'était peut-être pas une tare d'être riche. Aussi, bien que du bout des lèvres, il accepta la proposition d'Astuce.

Ce dernier appela un taxi, lui donna l'adresse et invita Maurits à prendre place.
- Ma mission se termine ici, expliqua-t-il
- Le taxi va t'amener dans ta nouvelle demeure. Tu trouveras sur la table de salon une enveloppe avec les coordonnées de ton nouveau compte bancaire, un carnet de chèques et une master gold card. Tu peux dépenser ce que tu veux, mais tu ne dois jamais dépasser la somme inscrite sur la chemise du dossier de banque.
Astuce lui serra la main, l'embrassa et partit dans la nuit.

Peu après, Maurits arriva dans sa nouvelle maison. Une splendide villa toute de plein pied, meublée avec goût. La maison était placée comme une enclave dans un somptueux parc floral éclairé astucieusement de bornes électriques, ce qui donnait une atmosphère féérique à l'ensemble.
Maurits pouvait à peine en croire ses yeux. C'était presque irréel. Il se pinça plusieurs fois pour savoir s'il rêvait ou pas ..

C'était ainsi que Maurits commença sa nouvelle vie. Il mangea à sa faim, la dame qui faisait la cuisine était un cordon bleu, le jardinier le roi de potager, et la bonne la reine du ménage.

Plusieurs semaines passèrent ainsi, Maurits connaissait tous les recoins de sa propriété.
À plusieurs reprises, il essaya d'engager la conversation avec son personnel, mais tous lui faisaient comprendre que se familiariser avec le patron n'était pas dans leurs attributions. « À chacun sa place » disaient-ils.

Maurits commença à regretter ses soirées dans sa petite maison dans le quartier de la mine. Ses conversations avec Astuce le chien, le plaisir de faire sa cuisine lui-même...
La nostalgie s'installa rapidement, Maurits mangeait peu, se sentait malade, vieux et épuisé. Il n'y avait plus ce bonheur qui lui serve de médicament. La source de la force de la vie s'épuisait à vue d'œil.

Maurits tomba malade. On le transporta à l'hôpital où il mourut peu de temps après.

Peut-être refuser sa richesse gratuite aurait pu changer le cours de sa vie. On ne saura jamais.
Mieux, il faut être pauvre avec effort, que riche sans effort. La solitude en serait d'avantage insupportable. Personne n'a pu remplacer un sourire sincère et une queue de chien qui bat le vent !

À son enterrement, les enfants étaient tous là. Ils étaient renseignés de la richesse de Maurits. Ils attendaient avec impatience et excitation le partage.

Aujourd'hui, rien n'est partagé encore. La jalousie avait pris sa place dans la fratrie.

Chaque jour, un chien vient voir la tombe de Maurits, se couche et remue sa queue. On dirait le sosie d'Astuce ....

## Ma parfaite considération

C'est ici que j'accuse
Avec un simple regard
Afin de te dire que je refuse
ce qui arrive trop tard à croire
Que je pense à te dire
Qu'il y a sûrement de l'espoir
Pour éviter le pire
Aussi adopte ma tendance

Et que tu sois assuré
Que je t'offre mon pardon
Dans ma parfaite considération.

## Conversation conjugale

Elle : - Si je mourrais maintenant, tu te remaries ?
Lui : - Non, bien sûr que non !
Elle : - Non ? Pourquoi ? Tu n'as pas envie d'être marié ?
Lui : - Je crois oui.
Elle : - Alors, pourquoi tu te remaries pas ?
Lui : - D'accord, C'est comme tu veux, je me remarierai.
Elle : - Alors tu te remaries
Lui : - Euh ... oui
Elle : - Et tu couches avec elle dans notre lit ?
Lui : - Mais oui, où veux-tu qu'on se couche ?
Elle : - Et tu remplaces mes photos avec les siennes ?
Lui : - Euh ... Oui, enfin, je crois oui ...
Elle : - Et elle va même conduire ma voiture ?
Lui : - Mais non, elle n'a pas de permis.
Elle : - !!!!???!!
Lui : - Oh merde!


## J'ai gagné au loto !

Jean dit à sa femme :
- Léontine, suppose que j'ai gagné au loto? Qu'est-ce que tu ferais?
- J'exige le moitié et je te fous la paix. Je m'en vais ...
- C'est bien ! dit Jean. J'ai gagné dix euros. Voilà cinq euros et tu prends la porte !

# Identité

Identité faciale
Identité partiale
Identité de mâle
Identité tribale
Identité glaciale
Identité carcérale
Identité principale
Identité libérale
Identité cordiale
Identité intégrale
Identité de la dalle
Identité cannibale
Identité antisociale
Identité sociale
Identité verbale
Identité morale
Identité familiale
Identité vénale
Identité virale
Identité trou de balle
Identité marginale
Identité totale
Identité infernale
Identité sale
Identité pâle,
Identité paradoxale
Identité légale
Identité nationale.

# Le bœuf et l'âne

Dans les temps anciens, un âne et un bœuf avaient pris domicile en colocation. Normal, parce que tous deux employés par le même fermier.

L'âne menait une vie tranquille, puisque son patron ne demandait pas tous les jours de faire des efforts afin d'accompagner la patronne au marché et tirer la charrette des produits de la ferme à vendre.

Par contre le bœuf était sollicité quasiment tous les jours pour travailler aux champs. Labourer, faner, moissonner, tel était le programme de notre bœuf.

Un soir, fatigué, vraiment très fatigué, il s'adressa à son colocataire en lui demandant :

- Aide moi mon frère âne. Qu'est-ce-que je puis faire pour que mon maître soit plus cool avec moi, et ne me fasse pas autant travailler ?

l'Âne lui promit de réfléchir.

Le lendemain soir au moment de la distribution du foin quotidien il regarda le bœuf se jeter sur son repas.

- Stop !, arrête de manger. Demain matin, tu fais le malade. Le patron voit que tu n'as pas mangé, il va te croire et te laisser tranquille toute la journée ! Et à toi de profiter pour te reposer !

Le bœuf arrêta immédiatement de manger et se comporta comme un bœuf malade. Au petit matin, le patron voyait son bœuf malade, installa son âne devant son engin et partit vers les champs pour labourer.

Le soir l'âne rentra dans l'étable et en voyant le bœuf qui avait à peine mangé faisait toujours le malade :

- C'était pas trop dur ? demanda-t-il,

- Non ça va. T'inquiète pas pour moi. Par contre toi, tu devrais te méfier.
- Me méfier ? s'étonna le bœuf, pourquoi ?
- Eh bien j'ai entendu le patron parler avec sa femme, quand elle lui apportait sa gamelle.
- Oui, alors, qu'est ce qu'il a dit ?
- Oh, pas grand chose, il a dit qu'un bœuf qui ne travaille pas, est beaucoup plus rentable pour sa viande. C'est-à-dire l'abattoir !
Le bœuf changea la couleur, il devenait tout blanc de peur. Il se précipita vers son foin et commença à manger. Le lendemain il accueillait son maître avec un meuhhh bien profond. Il n'était plus malade.
L'âne reprit son rythme de travail et se reposait tranquillement de ses émotions.

## Coup de pied

Le postérieur d'une croyance
Perché au premier rang
Et dévoué aux paresses
D'une simple tendance
Du prix du sang
Il suffit de former avec des mains habiles
Ce qu'on voudrait montrer
Venant d'une terre fertile
Aux simples d'espérance
Le meilleur fournisseur pour réduire la peur
Du postérieur de la croyance est
À défaut indiscutablement
Un formidable coup de pied.

## Des mots

Glissant sur une pente de silence
Il n'y a plus rien à me dire
Il y en a qui croient à une décadence
Et moi au pire
Il y en a qui disent rien
Pour peser la différence
Avec des choses sans lien
Au moins en apparence
Hier encore les faux pas des dires
Hier encore les cris des mouettes
Cerclant autour des bêtises
À l'affût de quelques miettes.
Pourtant je sais que je t'aime
Encore et encore et tous les jours
Je te raconte mes peines
Je me tais sur ton amour
Les mots sont cornés à peine formés
Dispersés aux lointaines pensées
Et naissent des paroles insensées
Les mots jetés sans savoir
Qu'au bout il n'y a rien à voir
Il y a des mots qui aident
Qu'on garde en trésor
Les silences qui cèdent
Et parlent de tous les torts
Je t'aime mon amour
Dis-moi que tu m'aimes encore
Aujourd'hui demain et toujours
Les mots de tendresse font corps.

## Marie-Fleurette

Ce matin, j'ai serré la main bien grasse
De mon voisin éloigné
Il me la tendue avec lourdeur
En avançant toute sa masse
L'œil lorgnant vers Marie-Fleur
Coquin, il secoua avec conviction
Mon pauvre avant-bras
Pompant frénétiquement
Pour que jaillisse la bonne solution
Que de toute façon je n'ai pas
Sauf de brasser du vent
Je le sais depuis belle lurette
Marie-Fleur n'est pas à négocier
Même, elle ne m'écoute pas
Avec qui elle pourrait faire la fête
Au bistro de l'herbier
Et de danser dans ses bras
Le mec de Marie-Fleur raconte ses aventures
Parce que le mec il y a
Avec des bras presque musclés
Le corps bâti en petite stature
Lissé et pas un gramme de gras
Et un cœur sans foyer
C'est bien l'herbier en cause
C'est le mec de la Marie-Fleurette.
Il calcule en descendant
Les chiffres en les citant en prose.
Avec  le montant en fête
Le sourire entre les dents
C'est que Marie-Fleurette aime les frivolités
Le faire valoir de sa personne

Pour embellir ce qui fait
L'éclat de sa sublime beauté
Comme une voyelle avec sa consonne
Sucrée et froide comme un sorbet.

## Le Clown

T'as la liberté de voir
Avec ta tronche de métèque
Faite pour nous émouvoir
Rondeur de pastèque
Bizarre sans fin
Complice avec hasard
Tu sollicites notre pain
Tu cris comme un braillard
Roi du profilage
Tu sais quoi faire
Pour nous guider au mouillage,
Ton navire en accostage
La sollicitude en équipière
Mille fois utile
Ton regard se perce sans faille
Aux horizons fluviatiles
Tricotés maille par maille
Ton visage peint en prose
Les yeux géants
Paroles virtuoses
Ma bouche béante
Ris, mon roi
Fais moi rire
Sans toi, je ne crois
Ce que j'ai à dire

## Sept cents mille, Sept cents millions

Quelque part au-delà de notre horizon
Au loin des pays de souvenirs
L'héritage d'un peuple sans désirs
Il ne reste même pas d'avenir.
Sept cents mille, sept cents millions,
Se souhaitent le bon appétit
Des centaines de milliers sans lit
N'ont même pas le souffle du pardon.
Au long des pays ensablés
Où on cultive les plants imaginaires
Avec un mortel savoir-faire aux gestes endiablés.
Sept cents mille, sept cents millions,
De gens de bonne allure,
Couverts de belles parures
Se couvrent de revendications.
Sept cents mille, sept cents millions,
Labourer ou détruire démolir ou construire
Sept cents millions de questions.
Quelques kilogrammes de vie
Le cuir grillé au soleil
C'est toujours pareil, on n'a rien dit.
Sept cents mille, sept cents millions,
Les bras levés de tristesse,
Au son de la paresse
En regardant la mort à la télévision.
Peut-être il y aura demain
À l'aube de la prochaine journée
Sept cents millions de milliers
Rompant en partage leur pain.

# Lucien

La nuit est tombée, Lucien est tout content, il a passé son permis de conduire il y a quelques heures. Tout s'est passé parfaitement et hop, maintenant le petit bout de papier magique est dans sa poche. Ses parents sont sympa : ils lui ont acheté la voiture d'occase qu'il avait découvert dans les petites annonces publiées sur internet. Un peu vieille, mais avec une caisse repeinte comme il faut.
Le voilà parti pour aller faire un tour.
La grosse bagnole file à toute allure sur les routes secondaires en état plus que discutable de la campagne. Les amortisseurs fatigués en prennent plein les ressorts, Lucien a du mal à garder son cap. Un camion en face. Lucien freine, les roues se bloquent, nuage de fumée. Par chance, la voiture reste droite. Lucien pousse un soupir de soulagement, l'histoire aurait pu se finir là.

L'imposante berline continue sa route... Lucien commence à se détendre et à oublier l'incident survenu quelques minutes plus tôt. Son attention se relâche, il commence à rapper de sa voix de casserole un texte improvisé :

> - Rouler confortable dans ma caisse,
> Je fonce sur la route en liberté,
> J'appuie sur la pédale sans cesse.
> J'aime faire rouler les dés,
> Sans savoir où on va,
> Et pourquoi on y va.
> Je suis sur la route,
> j'en ai rien à foutre...

Insensiblement, Lucien appuie toujours plus fort sur l'accélérateur, il est déjà à 160... sur une route limitée à 90, Lucien jubile dans son univers, il crie plein de confiance dans un trop plein de délire :

> - Je n'ai pas peur de mourir,
> Oh mais, juste avant d'en finir,
> Mais avant je vivrai ma vie,
> Vivre ma vie, vivre ma vie.

L'ambulance file sur la route déserte à la rencontre de l'accident : une voiture dans un fossé, au moins un blessé grave, accident probablement causé par la vitesse, peut-être aussi par l'alcool. Le conducteur est jeune... C'est tout ce que le médecin du samu sait pour l'instant. Pourvu qu'il ne soit pas trop tard.
L'ambulance se gare à quelques mètres de la voiture accidentée. Le conducteur a heurté le pare-brise, malgré sa ceinture, avec une violence suffisante pour le faire exploser. Du sang. L'urgentiste en a vu

d'autre, mais il ne peut retenir un haut le cœur à la vue de ce jeune homme défiguré.

Il écarte le badaud choqué qui tente de lui expliquer que... c'est affreux-mon-dieu... si jeune... il n'a rien vu... il a juste entendu un grand bruit... rien vu du tout... mon dieu c'est affreux... juste un grand bruit...

Arrivé près du corps, le médecin n'a plus qu'à constater un profond coma. Il respirait encore, mais c'était extrêmement faible. Comme il n'y avait peu d'illusion à avoir quant à l'espérance vitale du jeune homme, il fallait organiser un transport rapide. Il fit extraire le corps sans attendre pour le charger dans l'ambulance.

Le médecin urgentiste constata le décès à l'arrivée à l'hôpital.

Conscient de son devoir, il fallait désormais vérifier si le défunt avait émis des objections vis-à-vis du don d'organe... et bien sûr demander à la famille son avis.

Une autre course contre la montre commença...

Lumière blanchâtre, Marcel, 61 ans, se réveille en même temps que Axel, 17 ans. Ils vivront... cela ne rattrapera pourtant pas complètement le gâchis opéré par ce conducteur imprudent une nuit d'automne.

Avec un peu de chance, le rein et le cœur de celui-ci vivront vieux.

Espérons que les heureux receveurs en prendront soin, et éviteront d'exposer leur désir de liberté à des pulsions regrettables.

L'avenir n'est que ce que tu en fais...

## Le génie et le matou

Lors d'un vide-grenier dans une grande ville du Nord, une dame d'un âge certain achète une lampe à huile ancienne.
En rentrant chez elle, elle la dépoussière soigneusement et là comme dans certains récits un génie sort :
- Bonjour la dame, merci de me faire sortir de là. Je commençais à perdre espoir ! Pour te remercier, ma petite dame, je t'invite à faire les trois vœux traditionnels et ils se réaliseront rapidement.

La vieille dame toute contente réfléchit et dit :
- Pour mon premier vœu, je veux avoir trente ans de moins.
- Ce sera fait.
- Pour le deuxième, je veux être riche.
Le génie note ses vœux sur son calepin et lui dit :
- Et le troisième ?
La dame lui sourit avec un air coquin :
- Je veux que vous transformiez mon chat en joli jeune homme bien craquant.
Sur ces mots, le génie exauce ses vœux en commençant par le troisième.
Et là, le chat se transforme et lui dit :
- Je pense que c'est aujourd'hui que tu vas regretter de m'avoir castré... !!

# Viens faire la fête

Viens faire la fête
Viens avec moi sous la couette.
Je te dis, c'est chouette avec moi de faire la fête
T'en perdras pas une miette
Je t'offrirai ma kékette tout près de ta zézette
L'amour de toutes les facettes sous la couette
Viens jouer avec mes castagnettes
Faire pouet-pouette, toi et moi en tête-à-tête
Ou bien en levrette sous la couette
Montre tes tétinettes en douces rosettes
Tu chanteras en vedette sous la couette.

# Chiens d'aveugle

Deux hommes avec leurs chiens, un labrador et un chihuahua se promènent dans la rue. Ils s'arrêtent devant un bistro et décident de boire un coup. L'homme avec le labrador entre en premier.
Le barman fait grand signe, et explique que les chiens ne sont pas autorisés.
L'homme explique :
- Mais c'est un chien d'aveugle !
- Oh, pardon. Vous pouvez entrer avec le chien.
L'homme avec le chihuahua décide de faire de même.
Le barman lui dit alors :
- Vous ne pouvez pas entrer avec votre chihuahua.
L'homme :
- Comment ? On m'a donné un chihuahua comme chien d'aveugle ?

## Adieu

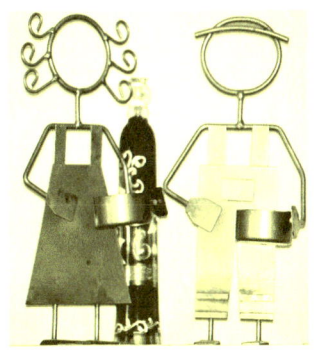

D'ici je tiens à te dire
Que t'as mauvaise mine
Aussi je t'offre mon souffle
Fut-ce que ce soit le dernier
Pour te dire que je m'en vais
Loin devant dans l'inconnu
Je pars à l'aventure
Je traverse les lumières
Pour voir tout ce que j'ai fait
Faire ce que je n'ai pas cru
Ne pleures pas
Réserves tes larmes
La vie t'en demande tous les jours
Garde-toi en mémoire
Que je t'aime en grand amour
Ici, là et partout
En aveugle, invisible en réalité
Il suffit de fermer tes yeux
Je serais devant toi
Niché dans la chaleur de ton âme.

# Mémo

Du même auteur :

à paraître
**Le dindon ou la Farce ?**
Petites histoires d'une vie ordinaire
Nouvelle édition
Edition BOD - août 2013
ISBN 978 232 203 2 921

à paraître
**Mots en Cafouille II**
Petites histoires
Edition BOD - septembre 2013
ISBN 978 232 203 2 839


Internet et courriel :
  www.vandenheuvel.fr